やっぱり、東大を目指そう！

岩切紀史

普通の家庭、地方高校出身でも、
「東大に入って良かった」

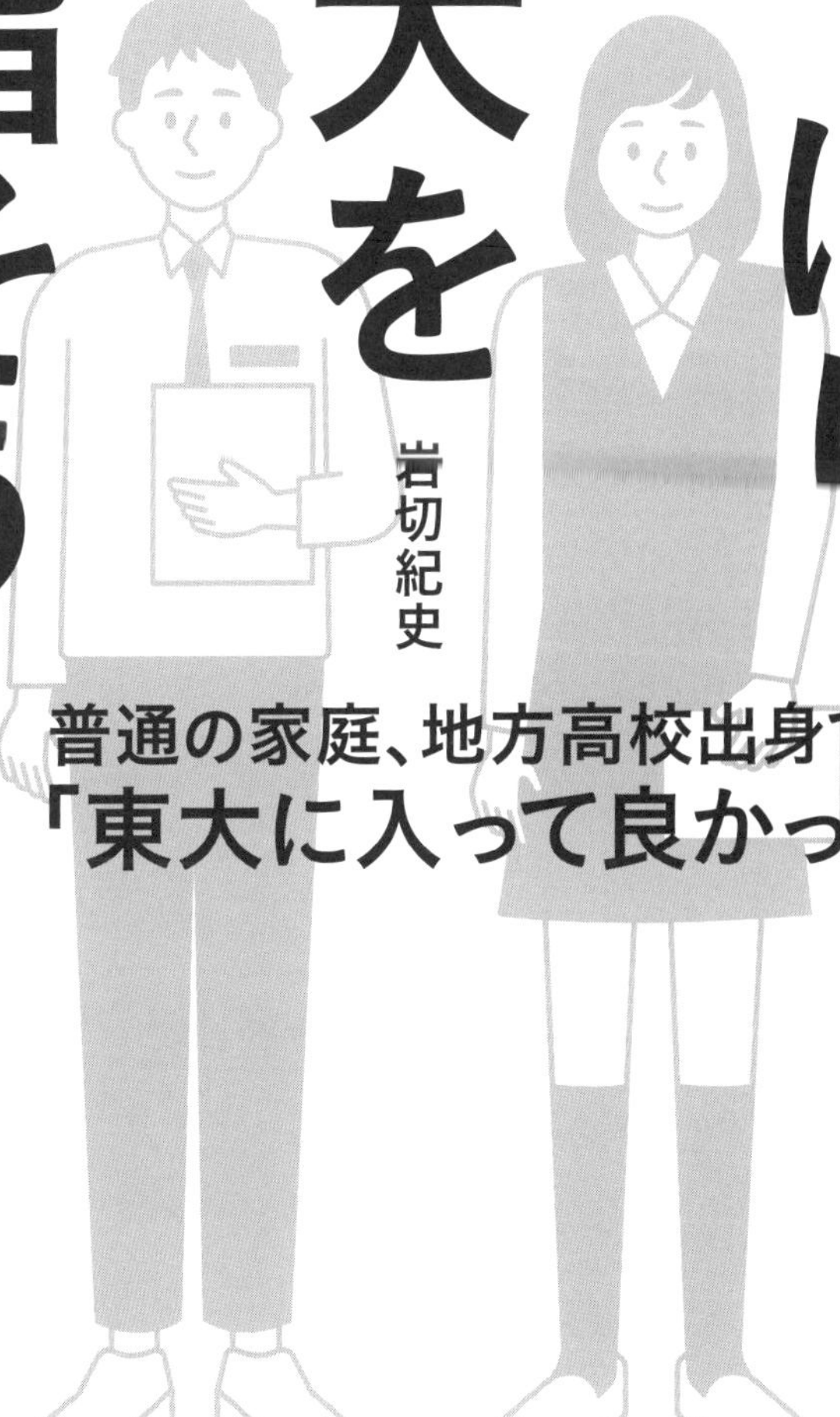

ごま書房新社

はじめに

1．本書を書こうと思った動機

「東京大学・東大生」――皆さんは、どのようなイメージがあるでしょうか。

東大は世の中の関心を集める存在で、東大に関する情報・報道は、以前から一定程度存在していました。

かつて、昭和の終わり、私が受験生だった頃は、いわゆる合格体験記・勉強法のほか、知識人・評論家の東大批評（ほぼ批判）が多かったという印象があります。

その後、次第に、東大生・東大卒業生自身、東大生を育てた親（保護者）、学習塾・予備校（講師）等により、各種情報が発信・報道されるようになりました。さらに、たとえばバラエティ番組やクイズ番組で取り上げられることが多くなり、話題になった漫画、テレビドラマも登場し、その時々で波はあれど、まさに「東大（生）ブーム」という言葉が当てはまる状況があります。

その中には、事実に基づいた・有益な情報もありますが、残念な情報・偏った印象を与える情報も溢れています。

ちょっと考えつくだけでも、「東大生の家庭はお金持ち・富裕層で、学歴はお金次第」「東大に合格するには特別な家庭環境と英才教育が必要」「都会出身で名門（私立）高校、中高一貫校の学生でなければ東大に合格できない」「学習塾・予備校に通い、家庭教師をつけなければ東大に合格できない」「地方在住だと東大合格は困難で、合格できても入学後は東大に馴染めない」「東大生は凄い学生の集まりで、『一般人』が東大に入学すると馴染めないし授業についていけない」「東大生は変な人が多い」「東大生は社会に出たら使えない」「東大卒といっても人生うまくいくとは限らない」等々。

東大生・東大卒業生と、その家族・教師・身近な人達ならば「それは違う」「ちょっと言いすぎじゃないの？」と分かることでも、そうではない多くの人達は、それらの情報を信じてしまいます。とくに地方では、東大生・東大卒業生が少ないので、それらの情報の影響は大きいです。

たとえば「東大生の家庭の世帯年収はこんなに高い」「お金持ちだから東大に合格できた」ということは、よく言われます。私も、いまだにと言いますか、東大在学中よりも、むしろ今の方が「お宅はお金持ちで、学習塾や予備校に行ったのでしょう」と聞かれます。

子供の頃から我が家を知っている人達は「そうではない」と知っているので聞いてきませんし、実際、そうではありません。しかし、そうではないと証明する方法はありません。聞き流すしかないのですが、実際にはそうではないにもかかわらず、「お金の力」と思われることは不本意極まりないです。

たとえば「『日本人の平均年収』が400万円台半ばなのに対し、東大生の家庭の『平均世帯年収』は900－1000万円台だから、お金持ちしか東大に合格できない」(※注)、そのため、「学歴はお金次第だ」と言われます。ちょっと考えれば分かるのですが、「日本人1人の平均年収」と「平均『世帯』年収」の比較をすれば、世帯年収（今の時代、夫婦共稼ぎが多いでしょう）が1人の年収の「倍」程度になるのは当たり前です。

もう少し詳しく言えば、「10代から70代以上の全世代」の「1人」の平均年収と、「大学生が居る親（保護者）、つまり、おそらくは他の世代より年収が高いであろう働き盛りの世代に属する、それも、おそらくは2人（以上）が収入源」の平均「世帯」年収を比較しているので、後者が前者の「倍」程度になるのはなおのこと当然ということに気付かなければなりません。

週刊誌等一部メディアで、センセーショナルな数値比較で注目を集めているこのような情報の「本質」に気付かず、信じてしまう人が多いことは非常に残念です。

本来比較するべきは「大学生が居る家庭の平均世帯年収と、東大生の家庭の平均世帯年収」です。この比較でも東大生の家庭の世帯年収はまだ高いとされていますが、必ずしもそうとは言い切れません。

このことは第3章：データ編　東大生の分析の2と3で詳しく述べるので、ここでは「東大生の家庭＝お金持ち」という見解、その基になっているデータ比較の問題点を指摘するにとどめます。**偏った情報を信じて、受験生本人が東大受験を諦めたり、そもそも目指さない、また、家族（親）が、その子供等に東大受験を諦めさせることは、本人・家族のみならず、社会・国家の損失です。**

今回筆を執ったのは、偏った情報、必要以上に東大・東大生を崇める・貶める風潮が広がっていることに一石を投じたいと考えたからです。

※注　東大生の家庭の平均世帯年収（「東京大学　学生生活実態調査」の調査票の設問では「学生の生計を支えている方〈複数回答可能〉の合算額」となっており、本文では家計支持者の年収額と世帯年収を同一のものとして扱っているので、以下では世帯年収とします）― この額は公表されていますが、回答者の数と回答割合、対象者が学部学生と大学院生等、調査年度により差があり、大まかな額しか挙げられません。

2．私について

私について簡単に述べますと、昭和45年（1970年）生まれ、宮崎県出身です。父は地元高校を卒業後、関西の私立大学を卒業して公務員（すでに他界）、母は地元高校を卒業後公務員となり、結婚退職して専業主婦でした（現在も元気です）。

公務員は高収入という誤解がありますが、最近ようやく「そうではない」という情報が出回り始めました。そもそも公務員の給与は各種法令で「民間準拠」（民間と比べて高すぎず低すぎず。比較対象となるのは一定規模以上の民間事業所）となっています（「ラスパイレス指数」というもので比較します）。

実際、以前から、国家公務員は人事院、地方公務員は各地方自治体から給与等が公表されていたのですが、なぜか注目されません。好景気の時期、とくに高度経済成長期やバブル期は、公務員の給与の上昇が民間給与の上昇に追いつかず、民間の方がはるかに高収入で、就職先として、公務員は不人気でした。

また、専業主婦というとこれまたお金持ちと思われるかもしれませんが、昭和の時代は「女性は勤めずに結婚」「勤めても結婚退職」で専業主婦になるケースが一般的で、友人の母親も多くは専業主婦で、遊びに行くとそれぞれの「お母さん」が家に居ました。

私は一人っ子です。これは当時としては珍しい部類に入ります。

小学校は公立（市立）小学校で、父の仕事の関係で3回転校しています。一時期首都圏に住んでいたこともあります。家では全く勉強せず遊び回っていました（宿題はしていましたが）。とくに野球とゲーム、漫画が好きで、さらによく眠っていました。小学生の頃に「東大」の存在を知りましたが、具体的に意識はしていませんでした。

中学校は、第1章：心得編　目指せ！東大生の7で述べるように、突然国立大学附属中学校を受験することになりましたが、合格することができました。この学校は「勉強勉強」ではない自由な校風で、部活もしていました。初めて本格的に勉強し、「東大」を目指せるのではないかと思った時期です。

高校は、家の近くの県立高校に入学しました。この頃には東大文Ｉ（法学部）を目指していたのですが、理系に重点を置く理数科に入学しました。**進学校のため勉強中心で、人生で一番勉強した時期です**（なお、学習塾・予備校に通ったことはなく、家庭教師も居ませんでした）。

この甲斐あって、平成元年（1989年）4月、現役で東京大学教養学部文科Ｉ類（法学部進学予定）に合格しました。東大では、勉強もしつつ遊びもサークルも楽しみ、法学部進学後、4年生時に国家公務員採用Ｉ種（昔の上級甲種、今の総合職）試験法律職（今の法律区分）に合格しました。

平成5年（1993年）4月、自治省（現・総務省）に入省し、官僚として勤めましたが、その後、学者の道に進むことを決断し、東京大学大学院法学政治学研究科の入試を受験し合格、平成9年（1997年）4月に入学しました。専攻は憲法と政治学で、平成11年（1999年）3月に法学修士号を取得、平成17年（2005年）3月に法学博士号を取得し「東京大学大学院法学政治学研究科　博士論文特別優秀賞」を受賞しました。

その後、地元の大学で教授となり、憲法、政治学、行政法（公務員法）、国際法の授業を担当しつつ、研究・執筆を行ってきました。

現在は、法学博士（東京大学）、元自治省官僚として活動しています。

我ながら、一度官僚として勤めたのに学生（大学院生も学生です）に戻るという経験は、特殊と言えば特殊だと思います。進路の転換、そこから新たに道を切り拓き努力する力は、東大受験時の勉強を始めとする、それまでの人生経験から得られました。

3. 本書の特徴

本書は、そのような私の視点から書くことになります。ここでは、とくに全体的な特徴と考えられることを述べておきます。

①私の東大受験が平成元年（1989年）3月ということで、端的に言えば、「古い」と思われるかもしれません。当時と今では高校までの授業内容も異なりますし、参考書・問題集の「定

番」も違います（一部は今も名著とされているようです）。
しかし、受験勉強の考え方、勉強の基本は、それほど変わっていないと思われます。

②学校・教育・家庭環境について、いわゆる「昭和」だったということも、今とは大きな違いです。世の中は今より治安が悪く、学校では体罰が当たり前でした。一般家庭でも、今ならＤＶとか虐待とか育児放棄とされるような状況もそれほど珍しくありませんでした。また、今は貧富の格差が大きいと言われますが、体感的には昔の方が大きかったです。

③当時、パソコンは普及し始めていましたが、インターネットはありませんでした。通信兵の装備のような移動電話はありましたが、一般人は携帯電話を持っていませんでした。
これに対して、今は情報が溢れて簡単に手に入ります。それでもなお「都会と地方の情報格差」があると言われますが、当時と比べると天と地です。

④地方（私の地元）では学習塾・予備校はほぼなく、あっても小規模なものでした。今のようにインターネット・衛星で東京の予備校の授業を受けたり、オンラインで必要な授業を受けたりすることは、夢のまた夢でした。参考書・問題集を取り寄せるのも一苦労で、書店に注文して１ヶ月かかって届いてみたら別の本ということもありました。
通信講座はありましたが、郵送のため往復の時間はかかりますし、インターネットを通じた

リアルタイム・双方向の指導はありませんでした。

⑤現在の東大生、卒業して間がない東大卒業生が本を書く場合、受験情報や東大の内部の情報等をはじめ、現在の状態により近い内容になりますが、**本書の場合、その後の人生経験、また、学生時代の友人達のその後の人生を踏まえた視点を加えて書いています。**

とくに、受験勉強及び勉強一般に関しては、中学校入試、高校入試、東大入試に加え、国家公務員採用Ⅰ種（現・総合職）試験、東大大学院入試の合計5つの試験、さらには東大大学院での法学修士号取得審査（修士論文審査と面接口述試験）、法学博士号取得審査（博士論文審査と面接口述試験）の2つの審査を、全て一発で突破してきた経験を基に書いています。

⑥私は、平成元年（1989年）4月から平成5年（1993年）3月、平成9年（1997年）4月から平成17年（2005年）3月の間の合計12年間「東大生」だったことになります（厳密には、平成16年〈2004年〉4月からの最後の1年は、博士論文審査期間のため「東大生に準ずる」立場でした）。平成5年（1993年）4月から平成9年（1997年）3月の4年間を挟み、足かけ16年間、東大に「関与」していたことになります。

その後も、大学という場に在籍し、他の職業に就いた人よりも東大・東大生についての情報を入手できましたし、また、東大・東大生について考えていました。つまり、東大の内部者・

関係者としての経験が長いため、東大卒業後一定の年数が経過していますが、ある程度の客観性はあると思います。ただ、私が在籍していた文科Ⅰ類・法学部の情報が主になるという側面はあります。

⑦私は意識したことはありませんが、「類は友を呼ぶ」で、地方県立高校から東大に入学した友人が相対的に多くなっている可能性はあります。もちろん、都会の名門（私立）高校出身の友人も多く居ましたので、ある程度の客観性は保たれているとは思いますが、本書の記述は「地方寄り」「公立寄り」の内容になっているかもしれません。

⑧私は未婚・独身なので、子育てや子供の受験等について実体験をしていません。父はすでに他界しているので、本来は母が書くべき内容です。本書は、母にも随時聞きつつ、子供の立場から見た内容、「育てられ方」という視点も含めて書いています。

以上のほかにも、私の視点・立場がどうしても反映されるので、読む際には読者の方のご判断で解釈・調整してください。

内容としては、たとえば「地方公立校という『逆境』から東大に合格した」とか「特別な家庭で特別な教育を受けた（保護者の立場からは『教育した』）」という方がインパクトがあると思います。しかし、本書は、そのようなスタンスは取っていません。

私は地方公立校からの東大受験を逆境と思っていませんでしたし、実際、逆境ではありません。私の家庭は特別な家庭ではありませんし、特別な教育を受けていません。

私のような人間は例外じゃないかと思う方も居るでしょう。そう思われる方にとっては、また、「例外もある」ということで、「他の情報とのバランスを取る」という意味があると思います。「多数派」ではないものの、「例外」と言われるほどではないと思いますが、例外だとしたら、今後、私のようなケースが例外と扱われることがない状況になってほしいものです。


最後になりますが、本書は受験用の参考書や問題集ではありませんし、家庭での教育法等といった親御さん向けの教科書的なものでもありません。

紙幅の関係もあり、全ての内容を網羅することはできませんし、内容を広げすぎると「濃度」が薄くなってしまうので、内容を絞って書いています。私は受験・教育のプロではなく、ある程度の客観性を保ちつつも、経験を基にした見解・考えを書いています。

読者の方の判断、決定、その結果、さらに実行してうまくいかなかった、その他、万一何らかの損害が生じた場合であっても、著者として法的責任・事実上の責任を負いませんので、あらかじめご了承ください。また、特定の主張・方法・組織・団体・個人等をことさらに推奨・否定・賛美・中傷するものではありません。あくまで私の一見解とご理解ください。

内容の正確さにつきましては、できるだけ正確な内容になるよう心がけておりますが、私の個人的見解も含め、その正確性を保証するものではないことをご了承ください。

肩肘張らずに読み、参考になる点を参考にしていただき、そして、読者の方が、「東大を目指す」「子供に東大を目指させる」きっかけになれば幸いです。

令和3年（2021年）8月

岩切 紀史

はじめに……2

第1章：心得編　目指せ！東大生

1 入学試験に合格すれば入学できる……20
2 お金がないから、地方だからと諦めるのはもったいない……22
3 地方在住、お金がないからこそ「一発逆転」……27
4 遺伝要素……30
5 東大に行く、東大生に会う……33
6 今がチャンス……37
7 運の要素……38
8 東大受験をゲームとして考える……43
9 目標は何でもいい……45

第2章：心得編　東大に合格する生活

1 睡眠について　その1……50
2 睡眠について　その2……52
3 朝型……55
4 夜型……57

5 食事……59
6 運動とスポーツ……61
7 風呂の重要性……64
8 恋愛……67
9 各種メディア ― 古典的なもの その1……69
10 各種メディア ― 古典的なもの その2……72
11 各種メディア ― 新しいもの その1……74
12 各種メディア ― 新しいもの その2……77

第3章：データ編 東大生の分析

1 とくに地方ではメディアの報道を鵜呑みにしやすい……82
2 東大生の家庭はお金持ち、世帯収入が多い その1……84
3 東大生の家庭はお金持ち、世帯収入が多い その2……88
4 専業主婦・教育ママが多い……91
5 親が高学歴……93
6 地方は不利……94
7 名門校有利、地方公立校不利……96
8 変人が多い……101
9 まとめ……103

第4章：実践編　東大に合格する勉強法・知識編

1「お受験」について……106
2「中学受験」について……109
3「高校受験」について……111
4「公立か私立か」について……114
5「学習塾・予備校」について……115
6「タイプ別勉強法」について……118
7「3ヶ月集中勉強法」について……122
8「試験と目標」について……125
9「目標と計画」について……129
10「受験は競争だ」について……131
11「質か量か」について……134
12「集中力」について……137
13「記憶法」について……141
14「休み方」について……149
15「勉強する場所」について……152
16「勉強時間の確保」について……156

第5章：実践編　東大に合格する勉強法・データ編

1 東大入試の分析……162
2 共通テスト（センター試験、共通一次試験）……166
3 「東大入試の傾向」について……170
4 参考書・問題集　その1……173
5 参考書・問題集　その2……176
6 「ノート活用」について……179
7 「科目」について……181
8 「過去問と模試」について……185
9 「1万時間の法則」について……188

第6章：人生編　東大に入って良かった！

1 肩書が手に入る……194
2 素晴らしい人脈、優秀な友人……198
3 最高の大学……202
4 部活・サークル……206
5 そこそこモテる……208

6 選択肢が広がる……212
7 達成感と自信、余裕……214

番外編　東大に入らなければ良かった⁉

1 東大生、東大卒と言いにくい……218
2 妬まれる、嫉妬される、足を引っ張られる……221
3 地元・地方に居づらい……224
4 仕事関係……226
5 実力で結果を出してきたことの影響……228
6 世間知らず……230
7 どこに行っても少数派……232
8 進路が逆に狭くなる……234
9 結婚しにくくなる……236

あとがき……238

第1章：心得編

目指せ！
東大生

1 入学試験に合格すれば入学できる

まずは東大を目指しましょう。何といっても、入学試験に合格すれば東大に入学することができるのです。これほど平等で公平な制度はありません。大名・貴族の子孫でも、会社経営者の子供でも、東大卒業生の子供でも、入学試験に合格しなければ東大に入学できません。東京在住者でも地方の山奥在住者でも同じです。運動・スポーツが得意かどうかも、絵が上手い下手も関係ありません。お金持ちでもそうでなくても関係ありません。とにかく、入学試験に合格すればいい。これほどシンプルかつ平等で公平な制度を利用しない手はありません。

能力主義、筆記試験（学力）で個人の能力を判断することが、なぜ時として批判されるのか不思議です。たとえば聖徳太子が冠位十二階を定め、家柄にこだわらず能力があれば登用できる制度を導入したことは高く評価されます（実態は貴族重視だったとしても）。

また、中国で隋代から清末期まで行われた、家柄や身分に関係なく誰でも受験でき、才能ある人物を官吏に登用する「科挙」は筆記試験による能力主義です。また、ドイツ帝国・明治の日本では、能力主義の官僚制が導入されました。

とくに、筆記試験というものは、その時点における個人の能力を客観的に判断できる、平等で公平な制度です。

たとえば、面接では主観が入ります。大学入試で面接試験がある場合、一般的に、面接者は大学の教職員ですが、その考える「いい人間」と、「世間的な意味でのいい人間」は、おそらくズレています。都会基準のいい人間と田舎基準のいい人間も違います。

たとえば、田舎では見知らぬ子供にこそ声をかけるのですが、都会で見知らぬ子供に声をかけると最悪捕まります。そもそも「神様・仏様が見たいい人間とは何ぞや」と、もはや哲学のようになります。

短時間の面接では全人格を判断できませんし、面接者が人格者という保証はどこにもありません。多様な価値観を尊重すると言いつつ、実際は、面接者の価値観に合わなければそれまでです。面接者も人間なので、朝、夫婦喧嘩をしたとか、直前に財布を落としたといったことも、面接の際の判断に影響します。

筆記試験では、主観が入らないとまでは言わないまでも、入りにくいです。論述式・記述式は採点者の主観が入りますが、選択式とくにマークシート式は客観的で間違いがなく、その成績で合否を決めることは極めて合理的です。

東大入試は、入学後に東大で学ぶ能力（学力）があるかを判定する試験で、主観はほぼ入らず、その能力を客観的に判断します（ただ、推薦入試と理Ⅲの一般入試は面接試験があります）。東大入試を目指して受験勉強し、入試本番で力を発揮し（できなかったとしても）合格すれば、東大生になれます。

「東大入試を受け、合格すれば東大に入学できる」。当たり前のことですが、これほど心強い事実はありません。

2 お金がないから、地方だからと諦めるのはもったいない

お金持ちだから東大に合格できるわけではありません。お金持ちでなくても東大に合格することは可能ですし、実際少なからず居ます。

はじめにの1でも少し述べたように、各種データを持ってきて、しばしば「学歴はお金次第」と言われますが、そのような「インパクト重視」の見解に惑わされてはいけません。

そのデータを読み取れば、東大生の家庭が極端に世帯年収が高いわけではなく、むしろ、少な

からぬ東大生が低収入の世帯から合格していることが分かります。また、「平均」世帯年収ということは、それより低収入の世帯が半数存在するということです（厳密には「中央値」より低収入の世帯が半数存在するということなのですが、それは置いておきます）。

さらに、東大は東京の大学なので、その学生の世帯は東京（首都圏）の世帯が多くなっており、東京（首都圏）は平均賃金が高いので年収も必然的に高くなります。当たり前のことです。また、東京（首都圏）は住居費をはじめ物価が高く支出も多いので、高収入でも、実はそれほど裕福というわけではありません。

この「東大生の家庭がお金持ちかどうか」ということは、第3章：データ編　東大生の分析の2と3で詳しく述べます。

東大入学後、地方出身者は東京で一人暮らしするお金がかかるといっても、どうしてもお金が不足する場合は奨学金があります。日本学生支援機構の奨学金（返済必要）だけが取り上げられ「卒業後は多額の借金になる」と言われますが、返済不要（給付型）の奨学金もあります。他に、民間や自治体による奨学金もあり、その中には返済不要のものもあります。私が学生だった頃も、返済不要の奨学金を複数「貰って」羽振りがいい学生が居ました。

東大は国立なので入学料・授業料は私立より安いですし、本当にお金がなければ入学料・授業料免除があります。このあたりの制度については、なぜかあまり報道されません。

また、アルバイトも多数あり、俗な話ですが、東大生だと学習塾・予備校講師、家庭教師の報酬が高いです。学生支援課等で、学習塾・予備校講師、家庭教師のほかにもアルバイトが募集されています。

住むところも、格安の寮があります。かつての駒場寮のように住む人を選ぶような寮ではなく、小綺麗な寮です。女子学生向けの家賃支援制度（民間のアパート・マンションの家賃の一部を補助）もありますし、出身自治体の東京学生寮もあります。

食事については、東大の学生食堂は格安で、私が在籍していた頃からするとはるかに美味しくなっています。当時も、3食とも学生食堂で済ます学生が居ました。学生食堂のほか、民間のレストラン等の支店もあります。

これらのことは、仮に地方から一人で東大に入学して、他の学生と馴染めなくても、普通に各種冊子、構内の掲示板や東大のホームページを見ていれば分かる話です。

東大生の家庭の平均世帯年収より世帯年収が低いからといって東大を諦めてはなりませんし、もったいないです。本当は東大に合格でき、授業にもついていき、社会に出て活躍できる可能性を、誤った認識で、自ら、また、家族（親）が潰してしまうことになります。

地方だからといって諦めることもありません。東大は、東京の大学なので、東京及び首都圏出身者の割合が多くなるのは当然です。東京には名門高校が多く学習塾・予備校があるといっても、東大入試に合格しなければ東大には入れません。この点は東京も地方も同じ条件です。

また、地方だからこそ、公立校で、学習塾・予備校も行かず（行くとしても東京ほどではなく）、東京（及び大都市）の学生ほどお金がかからずに東大に合格することが可能です。つまり、地方は東京（首都圏）の世帯より世帯年収は低くなりますが、東大受験にかかる費用が安く済みます。模試や入試会場（東大）への交通・宿泊費はかかりますが、私立校や学習塾・予備校に通うより、はるかに安いです。

また、地方は住居費をはじめ物価が安いので、支出が少ないということも忘れてはなりません。東京出身者が多い東大生の家庭の平均より世帯年収が低くても、家計的には余裕があることもあります。地方で学習塾・予備校に通うとしても、物価が安い分、学習塾・予備校の授業料等も安く、車社会なので親が送り迎えすることもできます。

職住近接なので、母親も、また、父親も子供に目が届きます（私の世代は父親は仕事で不在ということが多かったのですが）。東京だと祖父母が地方に住んでいることも多いですが、地方だと近くに住んでいることが多いので、いざとなれば祖父母も頼ることができます。

今は、地方でも情報格差はほぼありません。昔はインターネットもなく、テレビも衛星放送がなく、都会と比べるととんでもない情報格差がありましたが、それでも東大に合格する学生は一定数・一定割合存在していました。

当時は、書店で本（インターネットはありません）を注文しても到着まで1ヶ月かかって別の本が届いたりしていました。そもそも、世の中にどのような参考書・問題集があるかは、書店で実際に見る、また、合格体験記で調べたり、学校の教師・友人・先輩に直接聞くくらいで、インターネットでの検索とその評価がある今とは雲泥の差です。

今は、学習塾・予備校の授業、個別の授業（名前は挙げませんが）をオンラインで受けられたり、本当に便利になり、逆に情報に溺れないようにする必要があります。

人は皆、全てがいい・悪いということはなく、それぞれの条件で勉強し、受験するのです。受験に限らず社会、人生もそうです。

全てを文字通りの平等と言い出したらキリがありませんし、何をもって平等とするか、その「平等」をもたらす手段は何か等々、議論は永遠に続きます。あれこれ考える暇があれば、今の条件で戦いましょう。

それでも「今の社会はおかしい」と考えて変えたければ、東大卒業後に変えようとすればいいのです。東大に入れば、社会に出れば、考えが変わることもあるでしょうし、社会を変えようとしても変わるとも限りません。

あれこれ不満を言う前に、まずは前に進みましょう。情報に惑わされて東大を諦めるのは、本当にもったいないことです。

3 地方在住、お金がないからこそ「一発逆転」

一般的に、地方在住、お金がないと東大受験には不利と言われます。しかし、これまで述べてきたように、地方在住や、普通の家庭、お金がない（お金持ちではない）ことをことさらに強調し、東大批判、学歴批判につなげる情報を気にする必要はありません。それぞれのやり方で東大受験をし、合格すればいいわけですし、それを目指して努力するべきです。

それを前提としてですが、しばしば言われるほど不利ではないのですが、やはり不利とか恵まれていないと考えるならば、だからこそ、東大に合格して「一発逆転」してやろうと考えを転換しましょう。諦めずに、逆境から勝ち上がる方が面白いです。東大に合格して当たり前、東大合格した後も当然だろうと言われるより、劇的で伝説になります。

逆転の典型とされる「桶狭間の戦い」は、織田軍が季節、天気、地形、士気等を含めて勝つための戦略を練って実行し勝利を収め、「劣勢を覆した織田信長は凄い」と今に至るまで語り継がれるわけです。仮に織田軍が大軍で、普通に戦って勝っていれば伝説になりません。

東大に合格すれば、地方ではなく東京に住めます。東京に住むことが幸せとは限りませんが、住んでみてあらためて地方の良さが分かったり、逆に東京の方が合っているということは、実際に住んで比較しなければ「発見」できません。

今まで、東京・都会やそこに住む人々にコンプレックスを持っていたり、たまに会ったり話したりする東京人・都会人に「マウント」を取られたりして面白くない思いをしていたら、東大に入学して東京に行けば解消します。

また、地方の狭い世界で、今晩食べたご飯が次の日には近所中に知れ渡る（田舎ではそうです）ようなところ、田舎の上下関係・しがらみだらけが嫌ならば、東京に出ていく、それも東大に入ったということは、そこから抜け出し、上に立っていた連中を見返し、しがらみを断ち切る・跳ね返すことになります。

まさに一発逆転です。

お金がなくても、東大に入り、卒業すれば、社会人として一定の収入と地位を獲得できるでしょう。もちろん、本人次第なのは言うまでもありませんし、東大卒業生の収入については、世間で思われているほど高収入ではありません。

それでも、お金がない状況から脱出する可能性は高くなります。世間一般に言われているように東大生の家庭の世帯年収が高いとすれば、自分の子供も東大に合格、入学させる確率も高くなります。

なお、自分の子供も東大に入れようという東大卒業生がどの程度居るか分かりませんが、「是が非でも」「尻を叩いて」子供を東大に入れようとする東大卒業生はそれほど多くなく、「子供が東大に行きたいと言えばそれでいいかな」というスタンスが多いと思われます。

実際、私の東大時代の友人も「子供が東大に行きたいと言えば応援する」と言います。

地方、公立校、普通の家庭から東大を目指す場合、万一、不合格でも恥ずかしくないということも利点です。風車に突撃して吹っ飛ばされたドン・キホーテのように笑われ呆れられるかもしれませんが、子供の頃から都会の名門私立校に通い、学習塾・予備校に通い、ずっと勉強してきた受験生よりは、合格へのプレッシャーは少ない可能性があります。

失うものはないとは言いませんが、自分でも周囲からも「絶対合格」「合格して当然」と思う・

思われるよりも楽な立場です。

万一東大に不合格だったとき、受験勉強の時間と労力は失われたと思うかもしれませんが、その勉強・努力のおかげで、東大ではなくても別の大学に合格できる可能性が高くなっています。東大を目指さなければ、そのレベルに達しなかったかもしれません。そして、その勉強と努力の経験は、必ず人生の役に立ちます。

東大合格により、一発逆転できる可能性が高くなります。「逆転」ということ自体、一定の価値観を基にするのですが、一般的な意味で「逆境からの好転」ということになります。

東大に合格すれば全てバラ色というわけではありませんが、勉強して東大に合格すれば一発逆転できる。夢がある話だと思いませんか。

4 遺伝要素

子供の頭の良さは遺伝で決まると言われ、例として、東大生の親は東大生が多いと言及されます。まず、身長・体重等の身体的特徴はかなり遺伝します。人間も生き物なので当然です。遺伝するのは当たり前なので、その中で遺伝の強弱があることになります。

特定の調査・研究例を挙げるのは控えますが、複数の調査・研究を見ると、遺伝の要素が強いのは音楽（90％程度）、スポーツで、勉強に関することで言えば「数学の才能」「執筆の才能」も遺伝の要素が比較的強くなっています。

他方で、ＩＱ（知能指数）は、成長につれて変化しますが、遺伝の要素は、ほぼ50％程度となっています。しばしば、この部分だけを取り上げて「知能（頭の良さ）は遺伝が50％を占める」「生まれた瞬間に決まる」「そもそも親が結婚する時に決まる」「だから勉強しても無駄だ」と言われますが、そんなことはありません。

他の事柄に比べれば、遺伝の占める割合がかなり低くなっています。遺伝の占める割合がＩＱより低いのは、主なものでは性格くらいです。

言い方を変えれば「ＩＱは、他の事柄に比べて遺伝の要素がかなり低い」「50％も遺伝以外の要素が影響する」のです。たとえば遺伝の要素が10％以下等という数値は生き物としては想定しがたいわけで、遺伝の要素が50％程度というのは、かなり低い数値ということになります。

それにもかかわらず、他の事柄の遺伝の要素のデータにはあえて触れずに「ＩＱは遺伝の影響が50％もある！」という主張は問題があります。そのような情報に惑わされず、逆に、50％も遺伝以外、つまり環境や努力が影響すると思えばいいわけです。

そもそも、親子なのにＩＱが全く遺伝していないのならば、笑いごとではなく、本当の親子なのか疑問となってしまいます。

学歴が遺伝するかはより疑問です。そもそも学歴は生物学的なものではないので「遺伝」という言葉は適切ではありません。それをさておいても、学歴は多様な「変数」の結果なので、遺伝とはあまり関係ありません。

ＩＱは、遺伝の要素は他の事柄と比べて少なく、環境と努力等の要素が50％もあります。まして学歴は、遺伝ではない部分が多くを占めます。

はじめにの1でも述べましたが、世の中には、統計データを「うまく」使って自分の主張を根拠付ける人達が居ます。複数のデータを基に、自分で考え、取捨選択して読み取っていかなければ、うっかり信じて、「東大に行けるのに諦める」「努力しても無駄だ」と本人も親も思いかねません。

私は、できるだけプラスのメッセージを発信しようとしているので、私の主張もそういう側面はないとは言えませんが、ここであえて述べておきます。

5 東大に行く、東大生に会う

地方、公立校、普通の家庭から東大を目指すことを妨げる要因として、各種の偏った情報があります。お金持ちの家庭、都会の名門（私立）校出身でないと東大に合格できない、必死に努力して東大に入っても馴染めず・授業についていけず、打ちのめされるというマイナスの情報により、「それならば諦めよう」「分不相応」『努力しても無駄』となります。

私のように「それならば面白いからやってやるか」とプラスに捉える学生もたまに居るでしょうが、多くの学生・親はマイナスに捉えます。

また、東大生は凄い、家庭も素晴らしいという一見プラスの情報もまた「自分には無理だ」「我が家には無理だ」と考えてしまう原因になりかねません。神格化された東大生、高尚な教育熱心な家庭という虚像を信じて、本来は東大を目指し合格できる能力があるのに、諦めてしまうことにつながります。

「東大生もこの程度なら自分も東大に行ける」とか、「我が家も引けを取らない」と思ってやる気になる場合もあるでしょうが、普通はマイナスに作用します。

つまり、プラスであれマイナスであれ、偏った情報は、東大受験を諦める・諦めさせることになりますし、その判断を正当化（無意識に人間は「楽」を目指すので、東大を目指さないという判断につながります）する材料になります。

それを避けるためには、何よりも、実際の東大・東大生を知る必要があります。今はインターネットで東大・東大生の情報は手に入ります。テレビ番組等での報道よりは、いい面も悪い面も幅広く手に入ります。

実際の東大生が発信している情報は、脚色がないとは言いませんが、おおむね等身大の東大生のリアルを発信しています。

ただ、それでもやはり、直接見る・聞くに及ぶものはありません。百聞は一見に如かずと言います。できれば、子供の頃、遅くても受験1年前には東大に行ってみることをお勧めします。

地方からだとお金と時間がかかりますが、東京観光のついでに行けば、駒場キャンパスと本郷キャンパスを回っても、移動時間を含めて半日もあれば十分です。本郷や根津（東大本郷キャンパスの東側）の和風旅館に泊まってみると風情があります（私は旅館の回し者ではありません）。

東大には複数の門があり、昔よりはガードが堅いですが、学生にくっついて行けばほぼ確実に東大構内に入れます。本郷キャンパスだと東大構内行きのバスがあるので、そのまま構内に入れます。

駒場キャンパスの正門や本郷キャンパスの赤門・正門も、昼間であれば、余程おかしい格好とか奇声を発しない限り（笑）は入れます。実際、観光客も居ますし、近隣住民の散歩、秋には料理屋が銀杏を拾いに来たり、三四郎池で絵画の会が写生をしたりしています。生協で東大グッズを買ったり、学生食堂で東大生に混じって食事することもできます。

私は小学生の頃、短期間首都圏に住んでいて、いざ宮崎に引っ越すとなった時、本郷キャンパスに行って赤門で写真を撮りました。その後、高校の修学旅行の際の自由行動で何人かと東大構内行きのバスに乗って終点に着いたのですが、赤門と正門の方角が分からず、結局安田講堂を見ただけで帰りました（実際は目と鼻の先だったのですが）。

東大の雰囲気を味わうと、東大に行きたいという思いが強くなります（古い建物を見て、また、いかにも真面目な学生を見て、ひょっとして行きたくないと思うかもしれませんが）。

また、東大生・東大卒業生に会えるなら会っておきたいものです。地方でもひっそり「生息」しています（笑）。表立って言わなくても、たとえば中学校や高校の卒業生に居るかもしれませんし、教師に頼めば、それまでの教え子の中に居るかもしれません。卒業生の東大生を呼んで話してもらう高校もあります（私の出身高校はそうでした）。

生物探索みたいですが、地方で東大卒業生が居そうなところは、県庁、大学、銀行、マスコミ、弁護士、政治家、医者（理Ⅲ・医学部の学生自体少ないので居ないかもしれませんが、たとえば公立病院・大学病院には居るかもしれません）くらいでしょう。

会社経営をしていることもあります。理系については、地方ではあまり職場がないので、大学関係くらいだと思います。

地方は世間が狭いので、知り合いの子供とか親戚、また、そこを辿って東大生・東大卒業生に辿り着けることが多いです。

できれば、親が事前に会うか、こういう内容で話してほしい（こういうことは話さないでほしい）と言った方がいいです。その東大生・東大卒業生が東大にいいイメージを持っていなかったり、そうでなくても、東大に入ってもそこからが大変だとか、社会に出たらもっと大変だと言うと、子供のやる気をそがれるかもしれません。

東大と東大生を知ることで、それぞれが雲の上の存在ではなく手が届くところにあると分かり、受験勉強のやる気が沸いてくるはずです。

6 今がチャンス

東京大学が公表しているデータによると、ここ10年ほど、定員３０００人程度に対し志願者は９０００人台、倍率は3倍強となっています。定員は、過去おおむね３０００人程度で、受験人口の増加で１９８０年代後半あたりから増え始め、１９９０年代前半に３５００人を超えましたが、２０００年代に、少子化による受験人口の減少で元の３０００人程度に戻りました。

志願倍率は、そもそも志願する際に偏差値を考慮するので、ほぼ3倍程度で推移しています。

他方で、受験人口（18歳人口）と全国大学入学者（定員）を比較すると、私が東大を受験した平成初期の頃、18歳人口が２００万人程度で大学入学者は50万人程度でした。今は、少子化と、大学が減るどころか増えており、18歳人口が１１０万人程度、大学入学者は60万人程度と考えられます。18歳人口全員が大学進学を希望しているわけではないのですが、単純に考えて、大学には入りやすくなっています。18歳人口が少なくなり、定員はあまり変わっていないならば、ライバルは少なくなります。『ドラゴン桜』でも、この点は指摘されています。

さらにチャンスなのは、各種情報により、「本当は東大に合格できるのに東大を目指さない学生」が増えていることです。

全体のライバルの人数が少ないうえに、東大入試でライバルになる学生も減るとなると、まさに今が、東大に合格するチャンスです。他の受験生が気付いてしまうと、東大志願者が増え、合格ラインが上がり（第一段階選抜ラインも上がり）、東大合格の目安となる成績（偏差値）も上がってしまいます。

逆説的ですが、東大合格には、地方は不利、お金持ちの家庭でないと無理、特別な教育・学習が必要、公立校からは無理という論調のおかげで、東大に入るチャンスが大きくなっています。また、東大入試問題の難易度は、全体として昔より下がっていると予備校等は分析しています（個人的見解は控えます）。東大を目指すなら、今がチャンスです。

7 運の要素

私が受験生の頃は、受験戦争最盛期で、その中を勝ち抜くことはかなり困難でした。今、受験人口減少ということは、まさに時代のめぐり合わせということです。

受験には、運の要素があります。実力は前提で、それに加えて「運」が必要で、その「運」には、本当の運と、めぐり合わせ、出会い等があります。

本当の運としては、くじ引きが典型的です。また、たとえば、試験会場に行く途中で事故に遭って試験を受けられない、マークシート式の試験で答えが分からなくてでたらめに塗ったところがたまたま正解、試験直前の休み時間に見たところが試験問題に出たということも運です。

めぐり合わせは、手に取った本、テレビで見た内容、何気ない電話、電車で目にした広告、隣のテーブルの会話等があり、出会いとしては、子供の頃の担任教師や近所のおばさん、たまたま会った人等、いくらでも例があります。

これらの広い意味の運の中で、幸運を手繰り寄せるためには、そのための日常の努力（勉強を続ける、神様・仏様やご先祖様に好かれる）も必要ですが、そもそも、幸運に気付くことが重要です。幸運に気付かなければ幸運でも何でもありません。

「幸運の女神には前髪しかない」と言われます。本人も、家族も、努力していれば、情報を集めていれば、注意してアンテナを張っていれば、幸運に気付くことができます。そして、その幸運をつかみ、活かさなければなりません。

人生経験を積み重ねると、この「運」が、人生で極めて重要な役割を果たし、振り返ると大きな分かれ目だったと分かることがあります。

私の場合、小学校は近所の市立小学校に通っており、勉強せず遊び回っていました。中学校は、友人と一緒に近所の市立中学校に行くつもりでした。ただ、悩みとして、その中学校は（当時はそこに限らずどこの中学校も）、男子は運動部に所属していなくても校則で「丸坊主」でした。

今では考えられませんが、「男子の長髪は不良」「非行の入り口」とされ、校則違反だとして強制的に職員室でバリカンで丸刈りにされていました。当時、おそらく日本のかなりの市立中学校はそうだったと思われます。

私は本当に丸坊主が嫌で、試しに小学6年生の夏休み（小学校に行かないで済む）に丸坊主にしてみたら、まあ似合わないこと、「一休さん」みたいでした。

市内では、私が知りうる範囲で1つの私立中学校だけが、丸坊主にしなくてもよかったです。ただ、私立なので入試があることは仕方ないにしても、男子校でした（今は男女共学になっています）。

「丸坊主にしなくていいが男子校の私立中学校」と「丸坊主だが女子も居る近所の市立中学校」のどちらかを取るかで後者を取り、近所の市立中学校に行くつもりでしたが、釈然としないものがありました。

そうこうして時が進み、小学6年生の冬のある日、母が買い物から帰ってきた時、「近所の〇〇さんに、『あなたの息子さんは、当然、国立大学附属中学校の入試の願書を出したんでしょ？』と聞かれたんだけど、どういうこと？」と言われました。

私も母も、その「附属中学校」が存在することは知っていたのですが、「附属小学校」の学生しか入学できないと思っていたのです。

近所に附属小学校の学生は居ましたが、制服があったので「子供なのに制服を着させられてかわいそう」とか「私を含む地域の子供（市立小学校の学生）はみんなで遊べるのに、輪に入れなくて寂しそう」と思っていました。

早速、その附属中学校に電話すると、市立小学校の学生も受験資格があり、入試に合格すれば附属中学校に入学できると分かりました。そこで、願書提出期限ぎりぎりで、なんとか願書を提出しました。

入試まで時間もなく、私は「不合格なら市立中学校に行けばいいや」と思っていたので試験勉強もしませんでした。受験科目は、当時は今と違い国語・算数・理科・社会の4教科のほかに「音楽」「図工」（実技ではなく筆記試験）等があり、「どんな試験なのか当日見てみよう」と、入試を物見遊山のように考えていました。

当然、試験当日は4教科以外はちんぷんかんぷんで、試験が終わった後で街中の書店に行ったら、参考書・問題集コーナーの隅っこに「附属中入試対策問題集」が置いてあり、「へぇー、こんな問題集があるのか」と思ったものです。

今振り返れば、「なんと呑気な」と思いますが、筆記試験は無事合格していました。ただ、ここから、今はありませんが、当時は、さらに抽選がありました。その抽選も無事突破でき、急遽、近所の市立中学校ではなく、遠い（自転車通学）国立大学附属中学校に通うことになりました。

もちろん、「丸坊主を逃れ、女子も居る」ということで嬉しかったのですが、他方で小学校時代の友人達と別れることになり寂しかったです。

ただ、この国立大学附属中学校に進学したことで、今に至る道が開けました。

つまり、たまたま母が買い物に行き、たまたま出会った近所のおばさんと立ち話した際に、たまたま附属中学校の話を聞いたことは「出会い」で、附属中学校に電話したら願書締め切り直前だったのは「めぐり合わせ」、そして、抽選突破は文字通りの「運」です。

そのどれか1つが欠けても、私はおそらく東大に合格することはできず、今に至っていなかったと思います。

8 東大受験をゲームとして考える

東大受験は、やはり困難な道であることは間違いありません。だからこそ日本最高峰の大学なのです。皆が遊んでいる時・趣味を楽しんでいる時・寝ている時、勉強しなければなりません。時として疲れ、投げ出したくなり、本当に合格できるのかと不安になります。

あまり深刻に考えると心身に悪影響を及ぼし、本当に病気になってしまいます。万一不合格の時、絶望で全てを投げ出しかねません。東大受験は、人生の一時期をかけるものですが、人生そのものをかけるものではありません。そう考えれば、ある意味気楽に、また、「面白く」受験勉強できるかは人それぞれだと思います。

私は、東大受験をゲームとして考えていました。当時は、他の東大受験生・東大生がどう考えているか分からなかったのですが、現在、ざっと見ても複数の東大生・東大卒業生が同様のことを唱えているので、あながち的外れではないと思います。

たとえば、東大受験をロールプレイングゲームと考えます。クリア条件を東大合格と考え、学校内のテストや模試は途中のボスとのバトルやイベント、毎日の勉強は個別の敵キャラとの戦いで、経験値を上げ、パラメータを上げ、アイテムを揃え、戦略を練って徐々に強い敵に勝っていくようなイメージで勉強していきます。

攻略本は授業、教科書、参考書、問題集、合格体験記等です。途中で休まなければ、体力を失ってゲームオーバーです。

ゲームは夢中になります。面白いから、夢中で何時間でも僅かな隙間時間でもゲームをします（ゲームをしない人は想像してください）。ゲームはクリアしても何かあるわけではありません。ただ、クリアしたら達成感と快感があります（その後、すぐに虚しくなります）。

これに対して、東大受験は合格、つまりクリアすれば、実際の世の中の「いいこと」があるのです。変なたとえですが、ゲーム上での競馬は面白くありません（競走馬育成ゲームは面白いです）。実際の競馬は、現実のお金が動くから面白いのです（ギャンブルを推奨するわけではありません）。

ゲームは、簡単すぎると面白くありません。難しいゲームほど、クリアしようと思って面白く、実際にクリアした時に気持ちいいのです。東大受験は、最も難しいゲームの一つです。

挑戦し、見事クリアしましょう。その時、人生で何度も味わえない最高の喜び、気持ち良さ、そして大きな報酬が待っています。

9 目標は何でもいい

東大を目指す際は、何か目標が必要でしょうか。しばしば「将来何になりたいか、何をやりたいかを考えて東大（に限らず大学）を目指しましょう」と言われます。逆に、何をやりたいか決まってもいないのに東大に合格しても仕方ない・無意味という意見も目に・耳にします。

しかし、これは疑問です。子供の頃から将来なりたい職業ややりたいことが明確で、そこから逆算して東大を目指す子供も居るでしょう。しかし、将来何になりたいかなんて、早い段階でそれほどはっきり決まるものではありません。まして、将来何を「やりたい」か、人生で何を目指すかなんて、大人になってもフワフワしているものです。

私が不思議なのは、小学生・中学生くらいになると、夢や目標として「将来は○○になりたい」とほぼ職業を言い、「金持ちになりたい」「偉くなりたい」「幸せになりたい」と言う学生が居ないことです。対外的に「将来は金持ち」とか「ゴロゴロして過ごせれば嬉しい」と思っていても言えないという側面もあるのでしょうが、人間は、そんなに「ガチッ」としたものでも高尚なものでもありません。

高校に入るあたりで、東大を目指すかどうかにかかわらず文系と理系に分かれるので、そこで一応文系と理系を決めなければなりません。ただ、その後も変わってもいいわけですし、将来のことを考えなくても、何となく「文系が得意」という理由で決めてもいいわけです。

東大に入ったら、世界が広がります。高校までとは社会との関わり方も違いますし、交友関係も変わります。とくに地方からは、東京に行くのでその意味でも世界が広がります。

その結果、高校までに思い描いていた進路ではない進路に進むこともありえますし、可能です。東大の場合、教養学部から専門学部への進学時に、数は少ないですが、通常想定されるルート以外の学部に進学できます。

大学院に進学した場合はそこでも変更できますし、就職活動時に畑違いの分野に就職することも可能です。社会に出た後も、もちろん、道は広く開けています。

私も、官僚になり、その後に学者に進路変更しています。

東大に入るまでに将来の目標を確立し、実際に東大に合格し、東大卒業後もその道一本で生きていければ、ある意味幸せでしょうが、ある意味不幸です。せっかく東大に入ったならば、もっと頭を柔軟にし、別の世界も知らないともったいないです。

その結果、やはり元々の目標がいいとなればそれでいいですし、変えようと思えば変えればいいのです。

もし、その1つの目標が達成されない時、進路変更を余儀なくされた時、その1つしか考えていなければ、人生設計が崩れて立て直せなくなります。複数の選択肢を考えておき、いざという時は、そちらに切り替えられるように普段から準備しておく方が、行き詰まりません。

なるべく進路の幅は広くしておきましょう。その意味で、将来の目標が明確に決まっていなくても、さらに言えば決まっていないからこそ、東大を目指していいですし、その方が柔軟に対応できます。

また、目標が「世界を救う」とか「世のため人のため」でなくても構いません。高尚な目標がなければ入学できないほど、東大は野暮なところでもケチなところでもありません。

東大合格したら格好いい、ヒーロー・ヒロインになれる、親が喜んでくれる、彼女・彼氏ができる（かもしれない）、いじめられた奴を見返す、眠りたいだけ眠るでもいいです。

親に「東大に合格したら○○買って！」でもいいです。とにかく、「今努力すれば、東大に合格してこんないいことがある！」と思えるような「大きなニンジン」をぶら下げましょう。

何でもいいのです。東大入試に合格すれば東大に入れます。その動機なんて問われません。東大に入って、東京に行って、初めて見えてくる世界があります。

東大に入った後、いくらでも将来は考えられますし、世界が広がり経験を積んだ後で決めればいいのです。難しく考える必要はありません。

第2章：心得編

東大に合格する生活

1 睡眠について　その1

人間は、睡眠をとらなければ生きていけません。睡眠不足になると脳の機能が低下し、記憶力・集中力が低下し、受験勉強そのものに悪影響をもたらします。また、睡眠不足が続くと免疫力が低下し、風邪等で体調を崩しやすくなります。

さらに、メンタル面でも悪影響を及ぼし受験勉強どころではなくなります。とくに、睡眠中には成長ホルモンが出るため、受験生すなわち中学生・高校生という成長期こそ、眠らなければなりません。

また、記憶についてのメカニズムで、人間は、眠っている間に記憶の整理・定着をすると判明しているので、眠らないと知識が定着しないということになります。

つまり、眠ることもまた、受験の一環ということになります。

しばしば、平均睡眠時間が○時間程度、年代別だと△時間、日本人は睡眠時間が短いとされ、理想的な睡眠時間は8時間程度等と言われます。

しかし、理想的な睡眠時間、必要な睡眠時間は、人それぞれです。遺伝子説、体質説がありますが、ほぼ生まれつき決まっているとされます。短い睡眠時間（3－4時間等）で済む人は「ショートスリーパー」と呼ばれます。

ショートスリーパーは起きている時間が長いので、遊び、部活、読書、また、長時間スマホ等をしても、まだ勉強時間を確保できます。この意味で受験には有利ですし、また、社会人としても、仕事以外の生活時間が十分あります。

他方で、長く眠らなければならない「ロングスリーパー」も存在します。9－10時間以上眠らなければならないタイプの人で、残念ながら、このタイプは、絶対的な勉強時間を確保しづらく、受験、また、社会人としての生活においても不利になりがちです。

ロングスリーパーや、標準タイプ（5－8時間睡眠）の人が、頑張ってショートスリーパーを目指してもなかなか困難で、おそらくは睡眠不足の状態になります。

自分がどのタイプかは、大人になれば「何時間眠れば調子がいい」「何時間だと全然駄目」と分かってきますが、子供の頃は、よく分からないかもしれません。親は子供を見ていれば分かるでしょうが、分かったところでどうにもならないです。

ロングスリーパーの人は、受験勉強中は歯を食いしばって睡眠時間を減らし、勉強時間を捻出し、睡眠不足の状態で勉強しなければならないと覚悟を決める必要があります。どうしても眠い時は、たとえば学校の試験の後にまとめて眠るしかないでしょう。

寝だめの効果は議論があるところですが、精神的には満足できます。そして、「東大合格したら半年は眠ってやる！」という「報酬」として受験勉強のエネルギーに変えましょう。

ちょっと無理がありますし、ショボいと言えばショボい報酬ですが、人間の3大欲求の1つ「睡眠欲」の報酬なので大きな効果があります。

2 睡眠について その2

私はロングスリーパー（普段10時間以上眠ります）なので、高校3年間は慢性的睡眠不足でした。とにかく眠りたいので、毎日の勉強の「報酬」は眠ること、「罰」は勉強（予定部分）が終わるまで眠れないこと、東大合格の最大の「報酬」は「好きなだけ眠ること」で、「罰」は「受験勉強のため、もう1年（以上）、この『睡眠不足』が続くこと」でした。

睡眠タイプにかかわらず、睡眠の質も重要です。眠気が来た時にコーヒー等でカフェインを補給したり、栄養剤・栄養ドリンクを飲むと、その場はいいのですが、眠る前に飲むと睡眠が浅くなります。また、夜食を食べると、その消化のために睡眠が浅くなると言われます。

また、眠る直前までパソコン・スマホをすると脳が興奮して眠れないと言われますが、勉強もまた脳が興奮するので、眠る直前まで、または布団の中でも勉強すると眠れなくなります。

関連しますが、勉強が一区切りとなったところで勉強をやめて眠りましょう。中途半端になっていると、その部分が頭に引っかかって眠りが浅くなってしまいます。

一般的に、「いい睡眠のためには、夜は、室内を間接照明にしましょう」と言われますが、間接照明は暗いので勉強に差し支えますし、目が悪くなる可能性があります。

眠る前に脳を落ち着けるために数時間勉強をしないようにすると、勉強時間が大幅に減ることになるので、事実上は無理です。私は、脳の興奮を収めるために、勉強終了後、眠る直前に風呂に入っていましたが、風呂は重要なので、この章の7であらためて述べます。

昼寝については、受験勉強中はなかなか難しいでしょう。昼寝するならば30分以内と言われます。なお、勉強中に途中で眠るのは、ほぼ「寝落ち」だと思われます。寝落ちするほど疲れているのならば眠りましょう。

昔は、「4当5落」、つまり、「4時間睡眠ならば志望校に合格するが5時間睡眠だと落ちる」と言われていました。また、「ナポレオンは3時間しか眠らなかったので見倣え」と長らく言われていました（最新の研究では、ナポレオンは昼寝をしていたそうです）。

睡眠時間と睡眠の質と勉強時間の一番いいバランスは、まさに人それぞれで必要な睡眠時間が違うので一概には言えません。

長く眠るから駄目な人間ということでもありません。ロングスリーパーは、受験勉強や社会生活では不利ですが、おそらくは健康で長生きできます。各種データを見ると、睡眠時間が短い場合と同様に、長くなると死亡率が高くなっています。

しかし、科学雑誌で読んだのですが、これは体が弱って寝たきり（つまり睡眠時間がかなり長い）の人も含まれているデータの可能性があり、健康な人のデータでは、長く眠る人ほど、健康で長生きできるということです。

人の条件はそれぞれで、全ての条件がいい・悪いということはありません。

受験を乗り切ったら、当分は好きなだけ眠れます。とくにロングスリーパーの人は、それを励みに頑張りましょう。

3 朝型

「早起きは三文の徳」と言われます。早起きすると体調がいい、仕事がはかどる等々で、「朝活」をする人も増えています。受験勉強も、早朝の方が頭がすっきりしているうえに、各種誘惑が少ない、静かなので勉強がはかどるということで、朝型の方が有利という主張があります。

一般的に、早起きして朝から仕事がはかどる朝型は「できる人」、夕方にエンジンがかかってくる夜型は「怠け者」というイメージもあり、夜型の人は朝型にした方がいいと言われます。

しかし、これはなかなか困難です。朝型と夜型は遺伝子レベルで決まっていて、夜型の人が朝型にすることは、心身の健康を損ないますし、そもそも無理で、結局夜型に戻ることが多いとされます。

なぜ朝型が推奨されるかというと、社会全体が朝型に向いているからです。学校も仕事も朝から始まるので、朝型人間の方が学校・職場において活動的で結果を出しやすくなります。

しかし、受験に関しては、個人的見解ですが、朝型有利ではなく、夜型有利と考えられます。

人間は朝型・夜型にかかわらず、起きてしばらくは脳も体も眠っています。個人差はあれど、完全に目覚めるには、おおむね2時間くらいかかると言われています。パフォーマンスは、起きて4時間後あたりに一旦ピークが来てその後下がり、起きて8時間後あたりに再度ピークが来ると言われています。

この、起きてから覚醒するまでの時間は、朝型・夜型と関連付けられることが少ないのですが、極めて重要な部分です。

たとえば午前3時に起きた場合、すぐに朝食を食べるかどうかは別として、勉強することになります（そのために早起きするわけですから）。そうすると、2時間くらいは脳が眠った状態で勉強していることになり、4時間勉強したとしても2時間しか脳は働いていません。

そして、起きて4時間経過した最初のピークの午前7時前後に朝食、通学となり、一番いい時間帯を勉強以外に使うことになります。その後、起きて8時間が経過した午前11時あたりに2度目のピークが来ますが、その直後に学校の昼食、昼休みになります。

午後の授業ではパフォーマンスが「ダダ下がり」になり、疲れた状態で家に帰ります。夕食や風呂でリセットしたとしても、睡眠時間をたとえば6時間確保しなければならないとすれば、午後8時頃には眠る態勢に入り、午後9時頃に眠ることになります。

つまり、せっかくリセットしたとしても眠る時間が来てしまい、夜の勉強はほぼできません。

4 夜型

夜型の場合、午前7時に起きたとして、まだ覚醒していない時間は朝食、通学時間になります。覚醒する午前9時頃から授業が始まり、起きて4時間経過した最初のピークが午前11時、一旦パフォーマンスが落ちるタイミングがちょうど昼食、昼休みにあたります。その後、起きて8時間後の午後3時頃、まさに午後の授業中に2度目のピークが来て、疲れが出る頃に家に帰ります。帰宅後、軽く風呂に入るなり、夕食なりでリセットして回復した時点で、自宅での勉強になります。睡眠時間を6時間確保するならば、午前0時頃に眠る態勢に入り、午前1時頃に眠ることになります。

このタイムスケジュールだと、夜型は、起きて覚醒するまでの間、さらに日中のパフォーマンスが落ちる時間帯には勉強していないことになります。

さらに夜型が有利な点は、調子が良くて「乗って」いる時に、勉強を続けることができる点です。朝型だと、朝の勉強中に調子が出てきたり、じっくり考える・解きたい問題等があっても、通学のため、勉強を切り上げなければなりません。

通学のため勉強時間の終わりが決まっているので「締切があると効率が上がる締切効果」があると言われますが、逆に言えば、「効率が上がったとしても、そこで締切が来てしまう」という矛盾が生じます。

芸能界の業界用語で「ケツカッチン」と言いますが、まさにその通りです。

他方で、夜型の場合、心ゆくまで、その集中が切れるまで勉強を続けられます。1日くらい睡眠時間が減ってもいいと思うのならば、睡眠時間を削って勉強時間を延ばすこともできます。

これらのことから、私は夜型有利と思いますが、体質的に朝型の人も居るでしょう。体質を変えることは困難なので、朝型の人は朝起きてすぐ目を覚ます方法（風呂等でしょうか）を確立することが必要だと思います。ただ、私は「超」夜型なので朝型のことはあまり述べられません。

上記の理論は、高校時代に教師が「お前達みんな夜型だけど、明日から朝型に変えろ」と言われた際に反論・論破した内容を基に、最近の各種研究データをざっと見て考えたことなので、個人的見解ですし、もちろん個人差はあります。

なお、入試本番は「朝型」のスケジュールなので、入試が近づいてきたら、夜型の人は、なんとかその期間だけ「朝型」のスケジュールで脳が働くように切り替えなければなりません。1ヶ月前あたりから、入試本番の時間帯に合わせていきましょう。

必要な睡眠時間と朝型・夜型は遺伝すると言われます。私の父は「朝型ショートスリーパー」で、私は「夜型ロングスリーパー」のため、受験勉強中、私がまだ眠っていたいのに父が動き出して目が覚めてしまい、時々喧嘩していました。間違いなく母からの遺伝です。

5 食事

睡眠とともに、食事も受験の大きな要素を占めることは言うまでもありません。

頭を使う人間は、なぜか、「あまり食べなくていい」「エネルギーを使わない」と思われがちですが、そうではありません。真逆です。

まず、勉強で最も使うと考えられる「脳」にとって重要です。脳を働かせるのは「糖」で、その材料は「炭水化物」です。

勉強すればするほど、炭水化物が必要になります。世の中では「糖」が悪者にされ、炭水化物の制限がもてはやされますが、学生・受験生には当てはまりません。

炭水化物を摂るには、やはりお米が最適です。古来お米を食べてきた日本人には、お米が一番合っています。私は当時も今も痩せていますが、高校時代は、夕食では白米を5杯以上お代わりしていました。それでも体重は全く増えず、身長だけ伸びました。

「食事は3食、とくに朝はきっちり食べましょう」と言われますが、朝は胃腸も眠っているので、無理をして多く食べなくてもいいでしょう（人によりますが）。

さらに、途中で食べる甘いものも有効で、たとえばチョコレートは即効性があると言われます。ただ、我が家は間食をする習慣がなかった（今もない）ので、これは反省点です。

さらに、体力を保つという意味でも食事は重要です。

受験は体力勝負です。スポーツと違って勉強は体力を使わなくていいというのは大間違いで、ずっと座っていること自体でも相当な体力を使います。また、眠気を我慢して起きていること、疲れがたまっても授業を受け、勉強し、受験を乗り切るには、まさに体力が必要です。

さらに、食事は、体を作る・健康を維持する意味でも重要です。病気や怪我は、入試本番に当たってしまっては目も当てられませんが、受験勉強にも当然ながら悪影響を及ぼします。

食べることで栄養を摂り、免疫力を高め風邪等の病気を防ぎます。また、筋肉・骨の成分となることで、体の成長を促し、骨折等しにくくします。

また、食事はエネルギーの源なので、勉強をする気力にも影響しますし、脳への作用という点ではメンタルにも影響します。十分な食事で栄養、とくに炭水化物を摂りましょう。一生懸命勉強していれば、それでも太らないはずです（体質によるところもあるので断言はできません）。

水分も必要です。血流を良くし、新陳代謝を促進するためにも水分は多めに摂りましょう。水分が不足すると便秘にもなります。

水分は、ミネラルウォーター（湯冷ましでも可）や緑茶が基本です。コーヒーはカフェインが強いので人それぞれです。緑茶のカフェインが気になるならば、カフェインが少ないほうじ茶・ウーロン茶、夏場はミネラル補給も兼ねてカフェインが入っていない麦茶がお勧めです。

私が子供の頃は、「コーラを代表とする炭酸飲料を飲むと骨が溶ける」という都市伝説がありましたが、普通に飲む程度ならばそうではないので、糖分補給も兼ねて適量ならば飲んで構わないでしょう。

6 運動とスポーツ

運動は、２つの点で受験にとって必要です。

1つは長期的な点です。受験は体力勝負なので、そのためには、子供の頃から、運動して体力をつけ、体を鍛えておくことが必要です。また、運動することで脳の神経のネットワークが活性化し、勉強にもいい影響を及ぼします。

本当に頭がいい人間は、体を制御する脳が発達し、運動が得意と言われます。

もう1つは短期的な点です。運動は、ストレス解消に役立ちます。体を動かさず勉強ばかりしていると、ストレスがたまり勉強の効率が落ちます。イライラして人間関係が悪化したり、また、メンタルがやられることもあります。

勉強の合間の少しの運動、さらには数日に1回まとまった運動をすることで気が晴れます。

また、勉強の合間に少し運動すると、血流が促進され、頭に血が巡り、低下していた脳の働きが元に戻ります。運動して体内で出るホルモンもまた、脳の働きに好影響を及ぼすでしょう。体がほぐれることで頭痛・首痛・肩こり・腰痛の予防・解消にもなります。

一般論では運動はいいことなのですが、やりすぎは怪我のもとですし、疲れすぎたり時間を取りすぎては、勉強に差し支えます。適度な運動がまさに「心身ともに健康」をもたらしてくれます。

運動に関連して、部活と勉強との両立が問題となります。部活は運動とは限らないので文化部を含めた部活について考えることにします。

たまに、高校3年生のかなり遅い時期まで部活に熱中し、引退後に受験勉強に集中して東大に現役で合格したという話がありますが、やりようによっては可能であることは間違いありません。部活で養われた体力や集中力、何かをやりきる意志、努力する姿勢等は、部活引退後の受験勉強に活かせるでしょう。

しかし、運動部に限らず、文化部でも時間を取りますし心身ともに疲れます。限られた時間・エネルギーを何にどのくらい使うかは本人の考え次第ですが、東大合格を最優先に考えた場合、基本的には、高校時代は勉強優先にせざるをえないでしょう。

そのためにも、中学生の頃までは勉強ばかりではなく部活、とくに運動を十分しておいた方が、悔いなく受験勉強に打ち込めます。

私の場合、小学生の頃は野球・ソフトボールをしていて、中学生の頃はテニス部でした。高校は、かなりな「勉強勉強」の高校で、部活をする学生も居ましたが、私は東大受験勉強優先ということで部活はしませんでした。

「東大に入った後で好きなだけ運動も文化的な活動もできる」と割り切るのも一つの考え方です。高校時代は今しかないといっても、東大受験勉強の時期も高校時代しかないのです。

なお、東大に入った後、運動・スポーツができると優越感が味わえます。頭が良ければ運動も得意なはずですし、東大の運動部（「運動会」と呼ばれます）の中には強豪の種目もあります。

他方で、体育の授業（身体運動・健康科学実習）があるのですが、なぜかボールが投げられない学生が居たり、腕立て伏せが1回もできない学生も居ます。大学生以降に運動不足・体力不足を取り返す、運動・スポーツを新たに始めることは、なかなか困難なので、やはり、せめて中学生の頃までは運動・スポーツ、また、文化的な活動もしておきましょう。

7 風呂の重要性

これまでも、風呂について言及しました。端的に私が風呂好きということもありますが、受験勉強にとって風呂は重要な役割を果たします。

まず、朝起きてすぐ、どうしても脳を働かせたい時や、勉強の合間に気分を入れ替えたい時は、熱い風呂に入るのが一番です。

勉強中は、頭、首、肩や腰がこわばり、血流が悪くなっています。途中で運動をしつつ、眠る前にぬるい風呂に入ることでほぐれます。体の疲れを取り、その後、体温が下がるタイミングで眠ることができます。また、頭を休める効果もあります。最近はシャワーだけという人も増えていますが、浴槽に湯を張り肩までしっかりと浸からないと、この効果は得られません。

風呂ではリラックスしているので、頭が働きます。また、邪魔が入らないですし、何より一定の時間が取れるので、風呂での勉強が効果的と推奨されます。

私は「風呂では休む」という方針だったので勉強をしたことはないのですが、その状態が勉強しやすいのならば、頭にあまり負担がかからない勉強、また、風呂に持ち込めるようなもので勉強することは試してもいいでしょう。

風呂に入っている時はリラックスしているので、机の前の勉強では理解できなかったことがふと頭に浮かんできて理解できたり、いいアイディアがひらめいたりするので、簡単なメモや録音をできるようにしておきましょう。

ここまでは一般的な話ですが、私が、風呂に入った方がいいと思うタイミングはもう1つあります。外から、つまり学校から家に帰ってきた時です。最近は時節柄、帰宅時に風呂に入る人は増えていますが、私は子供の頃からこの習慣がありました。

子供の頃は野山を駆け回っていて泥だらけだったので、帰宅時に自然と風呂に入るようになりました。中学校では部活をしていたこともありますが、家に帰って風呂に入ると体と頭がリセットされ、すっきりと勉強に取り組めることに気付きました。

夏は汗をかきますし、冬は寒くて体が冷え切っています。春と秋を含め、学校では勉強や人間関係等で緊張して体も頭もこわばっています。家に帰るということは「アウェー」から「ホーム」に帰るということで、風呂で区切りを付けるという意味もありました。

さらにこのタイミングで風呂に入ることの長所は、風邪をひきにくくなるということです（風呂上がりに冷えることは注意）。最近は時節柄強調されるようになりましたが、昔から「外から帰ったら手を洗ってうがい」と言われています。風呂に入ればそれはクリアできます。

風邪をひいたりインフルエンザに罹ったりしたら勉強できなくなりますし、入試本番直前の時期だと大変です。私が今振り返ると、「学校から帰ってきたら風呂」という習慣もまた東大現役合格に大きな効果があったと思います。

朝風呂、帰ってきて風呂、眠る前に風呂ということは、一日何度風呂に入っているんだ、時間の無駄じゃないかと思われるかもしれません。また、水道代とガス代はかかるので、あくまで個人的経験に基づく見解です。

8 恋愛

恋愛論ではなく、受験勉強との関係で述べます。友人とは異なり、恋愛は受験の邪魔と言われます。

まず、人を好きになった状態だと、そのことが頭の中の大部分を占め、勉強に差し支えます。勉強のために机の前に座っていても、頭がそちらにいき、質・量が低下します。

また、昔ならば固定電話しかなく、電話をして相手の親が出たらマズいという事情等もあって電話しにくかったのですが、今はスマホがありますし、ライン等で延々とやり取りが続きます。簡単に遊ぶ約束もでき、実際に遊びに付けば時間が取られます。相手とうまくいっても喧嘩しても精神的に影響が出ます。

よく言われる都市伝説で、恋愛状態にある場合、女子は合格し、男子は不合格となることが多いと言われます。脳科学については詳しくないのですが、女子は複数のことを同時にできますが、男子はできないとされることが原因ではないかと思われます。男子の方が舞い上がりやすいのかもしれません。

一般論としては、恋愛は受験の邪魔は邪魔ですが、逆に、恋愛していることでプラスのエネルギーが出たり、また、励みになり、さらに報酬として「合格するまでは我慢して、合格したら恋愛しよう」等を設定すると受験勉強にプラスになることもあります。

中には、親が、受験の邪魔にならないように、また、「悪い虫」がつかないように男子校・女子校に進学させることもあります。しかし、「悪い虫」の「悪い」とは何かという問題がありますし、将来、「虫」がつかなくなる可能性もありえます。

それに、どの時期に異性に対する「免疫」をつけるかという問題もあります。

私は、第1章：心得編　目指せ！東大生の7で述べたように、中学校進学時、男子校かどうかも学校選択の分かれ目になり、素朴に女子が居た方がいいので男女共学の国立大学附属中学校に行きました。

東大合格までは恋愛に目もくれず勉強一筋か、恋愛もするか、また、恋愛できる環境（学校）に居るかは意見が分かれます。

一つ言えることは、仮に高校生までの間に恋愛を我慢・制限しても、東大に入れば世界が広がり、社会に出ればさらに世界が広がるので、その時まで「運命の人」を待ってもいいと思います。結婚していない私が偉そうに言えたことではないので（笑）このあたりにしておきます。

9 各種メディア―古典的なもの　その1

受験勉強と各種メディア（媒体）との関係について検討します。

それぞれは勉強に有益なこともありますが、邪魔・有害なこともあります。まずは、私が学生の頃から存在する古典的なものについてです。

テレビは、昔から今に至るまで、どのように関わるか非常に難しい媒体です。しばしば「テレビばかり見ていて勉強しない」とか「テレビをずるずると見てしまった」と、マイナスの存在とされてきました。

社会人になってもテレビを見ないことがステータスというか、偉いというか、「意識高い系」とされることがあります。しかし、それは一方的な見解です。

テレビというものは、家に居ながらにして、広い世界・様々な分野を、映像と音声で知ることができる、有益な媒体です。たとえば、行ったことがなく、行くこともできない最果ての地や宇宙のこと、はるか昔の歴史等について、知ることができます。

ドラマは、日常を忘れてその登場人物の心情や話の展開にのめり込めます。ニュース・ドキュメンタリーは短時間で世の中のことを知るには適していますし、スポーツ中継は現地に行かなくても応援できます。

バラエティ・アニメ・お笑い番組を「くだらない」としてさらに下に見たり、歌番組は歌が流れるだけとする人も居ますが、勉強の合間に頭を休めるには最適です。とくにお笑い番組は、笑うことで脳がリラックスし、気分が前向きになります。

マイナスの点は、ダラダラと見てしまうことでしょう。たとえば、ちょっと休もうとしたのにテレビを見続けて勉強に戻れなかったり、やはり受験勉強に差し支えることがあります。

テレビがある部屋（居間）で勉強することは、この点から、問題があることになります。

その対策は、単純ですが、見る番組を決めることと、録画することです。録画すると民放番組はCMをカットでき、4分の3くらいの時間になることすらあります（民放テレビ局にとっては迷惑な見方なので、受験勉強が終わったら、CMも面白いものがあるのでじっくり見ましょう）。

また、勉強時間中の番組を録画し、休憩、食事、さらにたとえば試験終了後にまとめて見る、体調不良で勉強できない時に見ることが可能です。

かく言う私は大変なテレビっ子で、今でも必ず見る番組がかなりあり、さらに随時見る番組を含めると、相当な時間、テレビを見ています。私の経歴を見て、私がテレビを見ないとか、昔から我が家にはテレビがなかったのではないかと思う人があまりにも多く、驚きます。テレビを見る人間を馬鹿にする風潮はいかがなものかと思います。

なお、パソコンやスマホと同様に、テレビの見すぎで目を悪くしないように気をつける必要はあります。

ラジオについては、今でも勉強と並行して聴いている受験生が居ますが、集中という意味ではお勧めできません。私が受験生の頃も、勉強しながらラジオを聴き、番組に投稿して読み上げられることを楽しみにしている受験生が居ましたが、第4章：実践編　東大に合格する勉強法・知識編の14で述べるように、私はＯＮ・ＯＦＦをしっかりつけることを重視するので、やはり息抜きで聴くくらいでしょう。

聴くという点では、音楽も、ＯＮ・ＯＦＦの区切りをつけないと、勉強の邪魔になります。私は、子供の頃から女性アイドルの歌しか聴かないので、あまり影響はありませんでした。

イヤホンで長く聴くと耳が悪くなり、たとえば英語のリスニングに影響を及ぼすのではないかと思います。

10 各種メディア――古典的なもの　その2

漫画は、最近、ようやくその価値が評価されてきて喜ばしい限りです。歴史漫画をはじめ、勉強に関する漫画は、手早く全体を見渡すために最適で、登場人物・絵・図と絡めて記憶に残りやすいです。

他方で、勉強以外の漫画については、「漫画ばかり読んで勉強しない」「ダラダラと漫画を読んで時間が過ぎた」「そもそもくだらない」等と否定されがちです。

対策はやはり、漫画を勉強の際の視界に入る位置に置かない、手が届く範囲に置かない、できれば別の部屋に置くくらいでしょう。ただ、勉強に関係ない漫画も、社会のことを知ったり、頭を休めたり、笑うことでリラックスしたりという意味があるので、休憩時に読むことは有益です。

そもそも、漫画を読むことは、絵とセリフ、ストーリーを追っていくことになり、実は難しいことなので、子供の頃から漫画を読むと脳が活性化します。また、語彙が増えることにもつながります。

私は、子供の頃から今まで凄まじい量の漫画を読んでいて、実家の1部屋全てを占領しています。

本については、勉強以外の本こそ、むしろ読むべきです。子供の頃、学生の頃に、幅広い知識・教養を得ることは、受験にも、大学生・社会人になっても役立ちます。

そのことで語彙が増え、文章を読むスピードも速くなります。受験勉強に時間を割くようになるにしたがって読書量は減りがちになるので、それまでは、勉強に役立つかどうかにかかわらず興味ある本を読みましょう。

私は興味ある分野の本、とくに野球、相撲、将棋、歴史、天文、鉄道の本を読んでいましたが、今になって一番役立ったと思うのは「（大人の）週刊誌」です。書店に本を探しに・買いに行ったついでに、たまに「週刊○○」を立ち読みしていました。

このことで、時事問題、芸能、政治、犯罪、世の中の危険、オトナ（18歳未満禁止というほどではありませんが）の情報を幅広く知り、社会に出る前・出た後に大変役に立ちました。「いい子」は知るべきではないことだったと思います（笑）。また、多様な文章を読むことで読解力が増し、語彙が増え、国語（現代文）が得意になりました。

新聞は、昨今、凄まじい勢いで読者が減っていますが、やはり読んでおいた方がいいです。小学生向けの新聞も出ていますし、中学生くらいからは普通の新聞も読みましょう。地方の家庭では、おそらくは地方紙を取っていると思います。

新聞は、じっくり読むと本一冊くらいの分量があるので、見出しを見て時事問題を知り、興味がある記事を読む程度でいいと思います。その他、論説を読むと現代文の評論の勉強にもなりますし、連載小説があれば、少しずつ読むことで現代文の小説の勉強になります。

高校生になったら、地方紙のほか、高校の図書館等で全国紙も読んだ方がいいです。東大入試に限らず受験対策として、また、常識を得るために、ざっとでも目を通しておきましょう。

11 各種メディア――新しいもの　その1

新しいメディアとして、まずはゲーム・パソコンを取り上げます。

パソコンはゲーム限定ではないのですが、勉強時間を減らすものとしてはゲームと似たようなものなので、まとめて扱います。私が子供の頃から現在に至るまで、ゲームは子供・学生の敵、受験の邪魔という風潮が極めて強いです。

たとえば香川県では、令和2年（２０２０年）に「ネット・ゲーム依存症対策条例」を定め、県や保護者、学校、通信事業者、ゲーム制作会社等の責務を明記し、罰則はないものの、「ゲームは平日1日60分まで」「午後10時以降はゲーム禁止」等と定められました。

条例でこのような規制をするべきかどうかについては意見が分かれますが、その議論はおいておきます。実際、ゲームをやり始めるとキリがありません。

私が高校2年生の頃、「ドラゴンクエストⅢ　そして伝説へ…」が発売され、「浪人への旅」に出てしまって「伝説」となってしまった受験生が、おそらくは多数居たと思われます。

ただ、ゲームをすることで「スカッと」したり、私は歴史ゲームをやっていたので言えるのかもしれませんが、たとえば歴史に興味が沸くことがあります。また、集中力が養われ、左右の指を動かすことで脳が活性化し、目で画面を追うことで目を悪くするかもしれませんが、逆に動体視力が良くなるということも言われます。

時折報道されますが、ゲームが老人福祉施設でリハビリに使われたり、高齢者の娯楽として評価されるようになっています。私が子供の頃にゲームが世の中に出回り始め、私は、ゲームセンター通い、ファミコン、パソコン、プレステを経て、今でもゲームをやっています。

対策は、やはり時間制限し、試験前等はゲームを目が届かないところに置くしかないでしょう。

私は試験勉強開始時にゲームを布団でぐるぐる巻きにして封印し、試験終了後の数日間ゲームをしまくるという「報酬」にして勉強のやる気を出しました。友人の中には、ゲーム機をハンマーで叩き壊した強者も居ました。

パソコン自体は小学校の授業でも扱いますし、将来、少なくとも今の子供達が大人になる頃までは仕事で使うことになると思われます。現在、パソコンがない家庭が増えていると言われますが、スマホばかりしている学生が、社会人になってパソコンを使えない事態が増えています。なるだけ、パソコンは家に置いておきましょう。

インターネットは、今はスマホが主流ですが、20年ほど前はパソコンが主流でした。インターネットは、世界とつながり、簡単に多様な情報が手に入ります。調べ物も、インターネット普及前は図書館に行ったり電話で聞いたりしなければなりませんでしたが、インターネットだとすぐに調べられます。

オンラインで学習塾・予備校の授業を受けることもできますし、インターネットで参考書・問題集の評判をチェックし注文もできます。インターネット自体は、受験勉強にとってはプラスの意味で画期的な存在であることは間違いありません。

他方で、ゲームと同じくキリがないという問題があります。ダラダラと延々と見続けますし、動画サイト、SNSも際限がありません。

かつては、インターネット代が従量制でとんでもない料金になっていたのでブレーキがかかっていたのですが、今はそうではないので自力で制限するしかありません。

スマホは簡単に視界から消せますが、パソコンは勉強部屋にあることも多いのでそうそう動かせません。かといって、他の部屋に置くと、調べ物をしにくくなります。調べ物をする際に他の部屋に行くと、そこで勉強の集中力が切れます。

それを避けたいならば、パソコンは勉強部屋に置いておき、勉強の合間以外は調べ物だけをすると決めるしかありません。

12 各種メディアー新しいもの　その2

次に携帯・スマホです。ガラケーは、せいぜい、家の電話とは別に友人と長電話とかメールのやり取りくらいだったので勉強への影響がまだ少なかったのですが、スマホは電話、インターネット（ＳＮＳ〈とくにライン〉等も含む）、ゲーム・漫画（電子書籍）・動画・音楽その他もろもろを全て含む、本当に厄介な存在です。

ＳＮＳがテレビ、ゲーム、漫画等、さらにはインターネットそのものと違うのは、「他人」とほぼ常時つながっているという点です。Social Networking Service＝ソーシャル・ネットワーキング・サービスという通り、インターネット上で他人と交流できることがＳＮＳの本質なので、当然と言えば当然です。

スマホの一番の問題は（パソコンでもありますが）、他人との関係が続く、言い換えれば家の中でも、勉強中でも、他人とつながっている・つながりうるということです。

他人から必要な情報も入ってきますが、余計な情報も入ってきてしまいます。通知が来るごとに、また、通知が来ていないか、返事をしなければならないかと思うと、勉強中は集中力がそがれ、休憩中も食事中も睡眠中も気が休まりません。

古来、勉強の邪魔とされてきたテレビ、ゲーム、漫画は自分でシャットアウトすれば済みます。インターネットそのものや動画視聴も、自分でやめようと思えばやめられます。しかし、ＳＮＳはそうはいきません。

ＳＮＳはスマホと結び付けられますが、パソコンでもできます。その意味で、ＳＮＳ対策が必要です。

大学の学生達を見ていると、本当にスマホスマホで、授業中もスマホをいじっています。外食する時、私と母以外の客が全員スマホをいじっていることもあります。せっかく家族揃っての外食なのに、なぜ全員無言でスマホ（今のご時世になる前も）をするのか本当に不思議です。

本来、受験勉強中は我慢して、大学に入るまでスマホを持たない方がいいのですが、世の中の流れではそうも言っていられません。ライングループに入らないと仲間外れにされるとか、学校の事務連絡をラインでするとかもあるので、スマホ自体は排除できなくなっています。

対策としては、スマホの電源を切る、スマホを別の部屋に置くくらいしか考えられませんが、おそらくは電源を切ったり他の部屋に置いても気になります。また、休憩時にスマホをいじると心身が休まりません。

受験が終わるまで友人とのスマホでの連絡は一切遮断するという強者も居るやに聞きますが、事務連絡や情報入手の手段であることから、かなり困難と思われます。

さらに、スマホの画面を長時間見ていると、頭痛、首痛、肩こりもさることながら、そのブルーライトで、また、画面・文字が小さいので、目を悪くすることがあります。目は受験勉強には極めて重要なので、インターネットやＳＮＳをやるならば、画面が大きいパソコンの方がまだいいでしょう。

文明の進歩は喜ばしいことですが、厄介な問題をもたらす典型です。本来はスマホがあっても動じないほどの自制心があればいいのですが、人間はそれほど強くありません。

また、「やってはいけない」と思うことほどやりたくなるものです。私が受験生の頃にはなかったものなので、後は読者の方の調整力にお任せすることにしておきます。

第３章：データ編

東大生の分析

1 とくに地方ではメディアの報道を鵜呑みにしやすい

テレビ等メディアにおける東大生の扱いは、私から見ると疑問に思います。どんな社会集団にも一定割合で独特な人（その家庭）は存在するわけで、その部分だけを取り上げて報道していいます。実際、読者の方の周囲に、東大生・東大卒業生（言わないだけ）は居ると思います。地方でも、最近は県庁や銀行等に増えていますが、大半は常識的な普通の人です。

東大について、「受験の知識を暗記すれば誰でも合格できる」という人が居ますが、東大入試問題を見たことがあれば、暗記だけでは絶対解けないと分かります。暗記は前提で、応用力を問う問題です（これは京大等の入試問題も同じです）。

また、しばしば、「東大生は社会では通用しない」と言われます。それでは、勉強した人とそうでない人を比べた場合、確率的にどちらが「社会で通用しやすい」でしょうか。

たとえば、「答えがある試験問題を解くことに特化した東大生は、答えがない社会で通用しない」と言われます。しかし、答えがある試験問題を解く知識と応用力があれば、答えがない社会でも「答えに近付く」ことができることは明らかです。逆に、知識と応用力がない場合、どうやって「答えがない社会で答えに近付く」ことができるのか疑問です。

そもそも、東大生は試験問題を解くことに特化しているのではなく、目標を決め、計画を立て、手段を考えて実行して達成することに特化しているので、社会全般の問題にも同様の姿勢で取り組むことができます。そのための知識も応用力も精神力も忍耐力も体力もありますし、自信もあります。

また、大名や貴族の子孫、お金持ちの子供だからといって東大に入学できるわけではありません。「東大入試に合格すれば東大に入学できる」。これほど平等で公平な制度はないと思います。子供の頃から遊びを我慢して眠る時間を削って勉強すれば、「東大」という学歴を手に入れることは可能です。不運にも入試に落ちることはありえますが、それは東大入試に限ったことではないです。

以下の内容は、毎年実施されている「東京大学　学生生活実態調査」（全員が調査対象でもなければ回答しているわけでもないので、そこは割り引いて考えないといけませんが）と、私の実感で書いていきます。

私の見解について「そうじゃない」と思う人も居れば、「そうだったのか」とか「そうだ」と思う人も居るでしょうが、それは読者の方の判断にお任せします。

2 東大生の家庭はお金持ち、世帯収入が多い　その1

東大生の家庭の平均世帯年収は、おおむね900－1000万円台と言われています。この数値は、東京大学が実施している「東京大学　学生生活実態調査」によりますが、1年ごとに、学部学生対象と大学院生対象と交互に実施されています。多くの報道・記述では、この点が、なぜか指摘されていません。

平成29年（2017年）の大学院生対象の調査結果では、平均世帯年収が本文で816万円とされています（※注）。平成30年（2018年）の学部学生対象の調査結果では、本文中には平均世帯年収は記述されていませんが、末尾の単純集計表の該当部分から平均世帯年収1067万円と読み取れます。

つまり、対象者、さらに回答者の数と回答割合等、調査年度により差があります。また、年収については、低年収の場合は回答拒否、つまり、回答された中での平均年収は高めに出ることが多いので、やはり大まかな額しか挙げられません。

平成30年（2018年）の学部学生対象の調査結果では、年収が950万円以上1050万円未満の世帯が21・３%と一番多く、過去、２年ごとに遡った学部学生対象の調査結果でも、年収９５０万円以上１０５０万円未満が一番多い層となっています。

また、平成30年（２０１８年）の学部学生対象調査結果の本文中、「『年収額が高い層』（年収額９５０万円以上）」という記述があり、各種情報・記述でも「９５０万円」という数値が見られます。以下では、「平成29年（２０１７年）の大学院生対象の調査結果では平均世帯年収８１６万円」も加味して、１つの目安の数値として、「東大生の家庭の平均世帯年収は９５０万円」として記述します。

他方で、国税庁が令和2年（２０２０年）9月に発表した「令和元年分　民間給与実態統計調査」によると、日本人の平均年収（給与）は４３６万円となっています。

これをもって「東大生はお金持ちの子供だ」「学歴はお金次第だ」「お金がないと学習塾や予備校に通えないので、東大合格なんてとても無理」等々と言われますが、大きな誤解を招く数値比較と主張です。

まず、東大生の家庭の平均世帯年収が９５０万円とされていますが、それは「世帯年収」です。つまり、両親が共稼ぎの場合は父親・母親合計の額で、ともに年収４００－５００万円台ずつならば、合計額は、ほぼ９００万円台の額になります。

そもそも「日本人の平均年収」という場合は「1人あたり」ですが、「世帯年収」という場合、共稼ぎが増えているので夫婦2人分です（場合によっては兄弟姉妹や祖父母等の分も含まれています）。このことは、「東大生の家庭はお金持ち」とする報道では、なぜか曖昧にされています。

1人の平均年収と、2人（以上）分の場合が多い世帯年収を比較すれば、世帯年収が平均年収の倍程度になるのは当然です。

また、「日本人の平均年収」という場合、「家族構成にかかわらず10代から70代以上の全世代」の平均です。

「東大生の家庭の世帯年収が高いかどうか」を検討する際は「大学生が居る年代の親（保護者）」、つまり他の世代より年収が高いであろう働き盛りの世代、それも夫婦共稼ぎを想定すると2人分の年収」との比較でなければなりません。

おそらくは「400万円台」対「950万円」という対比がインパクトがあるからでしょうが、聞く側は、この比較の問題点を見抜かなければなりません。しかし、そのまま信じてしまう人が多く居ます。

また、東大以外の大学の大学生が居る、それぞれの家庭の平均世帯年収と比較する必要もあります。その一覧はなかなかないのですが、首都圏や関西圏の有名とされる大学・学部によっては、東大生の家庭の平均世帯年収より高いところもあると言われます。

また、日本学生支援機構の「平成30年度　学生生活調査」によると、全国の大学生（昼間部）が居る家庭の平均世帯年収（調査では「家庭の年間平均収入額」と書いてあります）は「８６２万円」で、私立大学の方が国立大学より若干高くなっています。東大生の家庭の平均世帯年収「９５０万円」が、地方大学も含めた全国の大学生（昼間部）が居る家庭の平均世帯年収「８６２万円」との間に大きな差があると考えるかどうかは、解釈次第だと思います。

また、東大は東京の大学なので東大生に首都圏出身者が多くなり、首都圏は地方より地域全体の平均年収が高いので、その意味で東大生の家庭の平均世帯年収が高くなるのは当然です。なお、首都圏は物価とくに住居費が高く、支出も多くなるので、実際の「収入－支出＝手残り」は、それほど多くないということも考慮しなければなりません。

※注　平均世帯年収は、以前公表されていた調査結果では９１８万円とされており、各種報道や本等でも９１８万円とされていましたが誤りで、８１６万円です。東京大学の該当部分のホームページ https://www.u-tokyo.ac.jp/ja/students/edu-data/h05.html でも、修正されています。

3 東大生の家庭はお金持ち、世帯収入が多い　その2

さらに、国税庁の「令和元年分　民間給与実態統計調査」も参考になります。これは民間の給与についての調査ですが、「非正規従業員」も統計に入っています。公務員給与は民間準拠なので、民間とほぼ同じと考えます（比較する民間事業所の範囲が狭いですが）。他に自営業者等も居ますが、ここでは、民間給与実態調査を基に検討します。

国税庁の「令和元年分　民間給与実態統計調査」によると、大学生の子供が居ると思われる年代について、

「40－44歳男性５８２万円　40－44歳女性３１８万円
45－49歳男性６２９万円　45－49歳女性３２４万円
50－54歳男性６７９万円　50－54歳女性３２０万円」

が、平均年収（給与）となっています。

単純に同年代の夫婦とすると、その合計額は、40－44歳で９００万円、45－49歳で９５３万円、50－54歳で９９９万円となります。これと比較すると、東大生の家庭の平均世帯年収９５０万円

は、ほぼ平均的な額となります（共稼ぎではない家庭、また、シングルファザー・シングルマザーの家庭は、通常は低くなりますが）。

今の大学生の親は、大体50歳前後です。バブル期就職組で、勤め続けていれば、おそらくは夫婦合計で年収９００万円台程度の額になります（調査結果の通りです）。

そもそも、東大生の家庭の「平均」世帯年収ということは、平均以下の家庭も半数存在するわけです（厳密には「中央値以下の家庭が半数存在する」ですが、それはおいておきます）。

とくに先ほどの「東京大学　学生生活実態調査」で注目するべき点は、平成30年（２０１８年）の調査で、世帯年収４５０万円未満が13・２％、４５０万円以上７５０万円未満が12・５％、合計25・７％、つまり４分の１の世帯は年収７５０万円未満ということです。

つまり、低年収の世帯からも、東大にかなり入っているということになります。各種報道は、この事実にほぼ触れませんが、本人の努力、本人の才能（努力し続ける才能）の面を軽視しています。

それでもなお、東大生の家庭の平均世帯年収が高いと主張する人が居るでしょう。仮にそうだとしても、それは、東大生の親が代々のお金持ちでない限り、勉強して努力してその収入を得るまでになったので、勉強と努力の重要性が分かっており、その姿勢が子供に伝わるということの表れと言えます。

世帯年収が高いから子供が東大に合格できるのではなく、東大生の親は世帯年収が高くなるまでに勉強して努力したということと、その考え・経験で教育をした結果、子供が東大に合格できたとなり、「家庭がお金持ちだから東大に合格できる」というものではありません。

世帯年収が高い家庭でも、学習塾や予備校に子供を通わせても、本人が勉強しなければそれまでです。家庭がお金持ちならば、子供はハングリー精神がないかもしれません。家に十分なお金があれば、苦しい受験勉強に打ち込む動機が弱くなる可能性があります。

私は、地方の、お金持ちでも貧乏でもない家庭で育ち、公立校で、学習塾・予備校に一切通ったことがありませんが、現役で東大文Ⅰに合格しています。

東大入学後、いわゆるひとり親家庭とか、学習塾・予備校に通ったことがない学生も居ました。親がお金持ちの学生も居ましたが、それは、高校までと同じで、どんな集団にも一定割合居るものです。

むしろ、貧乏、普通の家だからこそ、奮起して東大を目指して合格した学生は確実に居ました。お金がない学生は安い学生寮（旧駒場寮が有名です）に住んだり、アルバイト・奨学金で学費と生活費を賄い、勉学に励んで「授業料免除」になっていました。それは他大学と変わらないです。

私が考える一番の問題は、「世帯年収が平均より低いから東大には行けない」「親が低収入だから子供は大学に行けない」という考えにつながりかねないことです。それは、学生本人および親から見た子供の可能性を奪うことになりますし、社会・国家の損失です。偏った情報に惑わされず、また、自分でその情報（データ）の本質を見抜き、正しく読み解くことが必要です。

4 専業主婦・教育ママが多い

今、「専業主婦」は働かなくてもいい・共稼ぎする必要がない、お金持ち家庭の特権階級と思われているようです。その考えを基にすると、専業主婦ばかりだった昔の日本は裕福だったと思うかもしれませんが、そうではありません。

今よりはるかに日本全体が質素で貧しかった時代です。当時の家庭では、母親は必死に子育て・家事をし、父親はまさに「一家の大黒柱」として眠る暇もなく働いていました。

私が子供の頃は、家庭の事情で共稼ぎとか、単身赴任、また、今でいうシングルファザー・

シングルマザーの家庭の友人も居ましたが、世の中全体の専業主婦率が高く、友人の家に行くとそれぞれ「お母さん」が居て、おやつや夕食を一緒に食べる等で他の家庭でも暖かい雰囲気を味わっていました。

今、共稼ぎが当たり前、小さい子供は保育園に預けることが常識となり、家事も夫婦分担となってきて、昭和世代と若い世代との考えの違いがあるとともに、何より、女性の価値観が変わってしまっています。

それを前提としてですが、東大生の母親は、専業主婦は居ますが、教育ママは少ないです。子供に強制して勉強させる、「勉強しなさい」と言う時点で、子供は自分で勉強する意志・能力が欠けていることになります。

東大での友人の話を聞いたり、実際にその母親に会った経験上、東大生の母親（もちろん父親も）は、子供に愛情は注ぎますが勉強は放置、強制はしないことが多いと思います。

よく、教育法がどうだとか、子供の勉強のさせ方をどうすればいいとか言われますが、それで必ずしも東大に合格できるとは限りません。人それぞれなので、ある子供には効果があっても別の子供には逆効果ということもあります。

そもそも、本人が自分の勉強法を確立し、自分の意志で勉強しないと、東大に合格したとしても東大の授業についていけないと思います。私は、一度も母（父も）から「勉強しなさい」と言われたことはありません。

「根を詰めて体を壊すから勉強をやめて眠りなさい」とは何度も言われました。普段も一緒にテレビを見たりゲームをしたり（今もですが）、教育ママとは真逆でした。

5 親が高学歴

東大生は世襲ではないので、親が東大卒でも、子供が東大に合格する確率は、一般の家庭の場合とさして変わらないと思います。ただ、東大卒の親は子供に受験勉強のアドバイスはできるでしょう。

影響するものとして、親の勉強や人生への姿勢・物の考え方・ある程度の遺伝はあるでしょう。ただ、遺伝の占める割合は他の事柄と比べると低いことは第1章：心得編　目指せ！東大生の4で述べた通りです。

昔は大学進学率が低く、長男以外と女性は大学に行かせてもらえないことが多い時代でした。

私の父は関西の私立大学卒ですが、大学時代に祖父母から一円も援助してもらえず、大学時代に借りた奨学金を、長い間返していました。

母は地頭はいいのですが、家庭の事情（戦争で全てを失いました）と「女性は大学に行く暇があったら結婚する」「結婚するまでは（腰掛けで）働くか家事手伝い」の時代だったので、高卒です。

「自分が低学歴で苦労したから、子供にはいい大学に入ってほしい」ということもあるでしょうし、逆に、「自分が高学歴を手に入れるために多くのことを犠牲にしたので、子供は自由にしてほしい」と思うこともあるでしょう。

人それぞれだと思います。親の学歴で子供の学歴が決まるならば、極論すれば生まれた瞬間、両親が結婚する瞬間に子供の学歴が決まってしまいます。そんなことは常識的にありえません。

6 地方は不利

平成30年（2018年）の「東京大学　学生生活実態調査」の、学生の「実家の所在地」によると、東大生のうち、首都圏出身者は約7割で増加傾向にあります（ただ、過去、その割合は増えたり減ったりしているので、一概には傾向を言えません）。そして、地方から東京に行く場合の生活費がかかる、情報格差がある、そして地方に生まれたら不利とまで言われています。

これは、論理の飛躍がありますし、偏った情報もあります。もともと東大は東京の大学で、それぞれの地域には「帝大」がありました（「旧帝大」）。たとえば関西では京大の方が東大より上という考えが根強くあります。それぞれの地域の「帝大」が、首都圏の高校生にとっては「東大」です。また、自宅から通えるとか、元々生活風土も知っている等の要因もあり、東大生に首都圏出身者が多くなるのは当たり前です。

では、地方は不利でしょうか。情報格差と言いますが、昔と今では天と地です。私が受験生の頃はインターネットがありませんでした。参考書・問題集を書店で注文して1ヶ月かかって別の本が届いたりしていました。大手学習塾・予備校はなく、今のように、たとえば地方で東京の予備校の授業をオンラインで受けること等はできませんでした。

今は情報格差は縮まっています。地方に居るから不利ということはありません。むしろ、情報が溢れかえって溺れることもあるので、その取捨選択が重要です。

地方出身者だと、東大入学後、馴染めないと言われますが、それは東京・大学生活そのものに馴染めないことがあるのであって、地方出身者だからといって必ず東大に馴染めないというわけではありません。「水が合わない」というように、地方の人間からすると、東京は本当に住みにくいです（もちろん住みやすい人も居ます）。また、方言が気になり、話せなくなって馴染めないということもあります。この点を考えると、家庭では標準語を使い、また、高校までの授業は標準語で行った方がいいと思います。

7 名門校有利、地方公立校不利

平成30年（2018年）の「東京大学　学生生活実態調査」の、東大生の出身高校を見ると、中高一貫型の私立学校が53・8％となっており、その他の私立高校が2・0％となっています。他方で公立（国立大学附属も含む）高校も40％を超えています。

つまり、私立高校でないと東大に合格できないということはありません。

他方で、令和2年（2020年）3月の東大合格者数ランキングを見ると、上位10位は、いわゆる名門高校が独占状態です。これは否定できません。なお、令和3年（2021年）3月の東大合格者数ランキングでは、傾向の変化が見られ、公立高校からの合格者が増えました。

それでも、やはり、名門高校＋私立高校出身者が東大生の大半を占めていることになります。

この対極にあるのが、地方公立高校です。

これは、地域格差に加え、学校による情報格差・教育格差とも言われます。たしかに、東大等を目指す学生が多い高校は、高校入試、それ以前のたとえば中学入試で優秀な学生が集まり、長期計画で難関大学入試向けの授業をします。学生のレベルが高レベルでバラつきが少ないので、より受験に特化した・高度な授業を行うことができます。

他方で、地方公立高校は、いろいろな学生が居ます。授業については、特別進学科とか特別学級編成で優秀な学生に対応することもありますが、それでも学力・能力にバラつきがあります。授業内容も、難関大学入試対策に特化した授業を行っている地方公立高校は少ないです。

「東大に入るということ自体」では、やはり名門高校・私立高校が有利と言わざるをえません。

ただ、東大入学後どうかと言うと、必ずしも名門高校・私立高校出身者が成績優秀で東大の学生生活になんの不具合もなく馴染むというわけでもありませんし、地方公立高校出身者が授業についていけない、馴染めないというわけでもありません。

東大卒の有名人で経歴が分かる人を調べれば、出身高校も分かることがありますが、結構地方公立高校出身者が居ます。

名門高校・私立高校で東大受験に特化した授業を受け、子供の頃から学習塾・予備校にも通って東大に合格した学生に比べ、地方公立高校で自分の方法で勉強して東大に合格した学生の方が、東大入学後、さらには社会に出た時の対応力・伸びしろがあるという見解もあります。

ただ、念のために言えば、名門高校・私立高校の多くは、自由な校風で、東大受験に特化した勉強ばかりをしているわけではなく、これもまた誤解のあるところです。

私は、名門高校・私立高校と地方公立高校・無名高校の差は、学生やその家庭・地域環境の「多様性」「異質性」の程度にあると思います。

私の出身高校は、地方県立高校ですが、授業・宿題がキツかったので（人生で一番眠っていません）、東大の授業がめちゃくちゃ楽でした。授業は朝から夕方までぶっ続けではなく、途中で空き時間がありますし、眠っていてもサボっても怒られません（出席を取る必修科目〈語学と体育等〉はサボったら駄目です）。

春休み、夏休み、秋休み、冬休みがあります。こんなに楽なものはありませんでした。

一般教養科目・専門科目は、それぞれ高校生の頃の勉強のやり方で十分対応できました。一方で、名門高校・私立高校出身者でも、苦戦したり単位を落としたりしていた学生が居たのは驚きでした。

東大では、教員は一々勉強のやり方を教えませんし、問題集等もありません。授業についていけるかどうかは、自分の勉強のやり方を確立しているかどうかにかかっています。

また、地方公立高校から東大に入ると「知り合いが居なくて馴染めない」「名門高校・私立高校・都会出身者は最初から友人が居て固まっていて入り込めなかった」「孤立して授業を受け、試験にも差し支えた」と語られることがあります。

しかし、これは、出身地・出身高校の問題ではなく、本人次第です。

たとえば、東大入学後、教養学部では、科類別・第二外国語ごとに30人程度からなるクラスがあります。

そこでは、いくら名門高校・私立高校とはいえ、同じ高校出身者は確率的に多くても2、3人ですし、お互いに仲がいいとは限りません。実際、高校生の時の犬猿の仲や上下関係（カースト）を引きずっていることもありました。

さらに、その中で浪人が居れば、同じ高校出身でも知らないか、知っていればぎこちない関係になります。たとえば、名門高校出身の浪人は他の高校出身の現役とはタメ口ですが、同じ名門高校の後輩（現役）は浪人の先輩に敬語で話します。当事者によると、非常に気を使って話しにくいそうです。

また、別々の名門高校・私立高校出身者同士は、普通知り合いではありません。学習塾・予備校での知り合いも居るでしょうが、ライバル意識があったりします。

そもそも、クラスには地方公立高校出身者も少なからず居ます。つまり、地方公立高校から1人乗り込んでも、決して孤立するわけではありません。地方公立高校出身者同士は話が合いますし、名門高校・私立高校出身者でも、話せば気が合う学生は当然居ます。

要は、本人次第です。入学当初にクラスの新入生歓迎コンパがあり、さらに合宿があります。これに参加するかしないかが極めて重要で、参加しないと名門高校・私立高校出身者でも孤立します。

その後でも、サークル、運動部（運動会）等いくらでも所属先はあるので、地方公立高校出身者でも十分馴染めます。こちらから声をかければ、また、声をかけられれば、気が合いそうならば友人になれます。

これらを全部スルーすると、孤独な日々になりますが、それはまさに、その学生本人次第でしょう。

東大卒業後、社会に出た後は、地方公立高校出身者の方が有利な面もあります。高校までで、多様な学生やその家庭・地域と接している分、対応能力があるからです。同じ小学校・中学校・高校の友人は、多様な職業に就いています。逆に、名門高校・私立高校出身者だと、同窓生の「層」が狭くなりがちです。

8 変人が多い

東大・東大生に関するテレビ番組を見たり本・記事を読んでいる人の中には、「東大生には変人が多い」と思っている人が思いのほか多く居ます。

東大生に関する報道は、いわゆる「普通の人」を取り上げても面白くないので、「変わった」東大生を取り上げることが多くなります。

ある社会集団に一定数・一定割合「変わった人」が居るということは当然のことです。

たとえば、東大生として時折、「人の目を見ず斜め上を見て、一方的に甲高い声で高速で話しまくる」学生がテレビに登場します。しかし、そのような東大生はほんの一部で、少なくとも私は、学部と大学院を通じた東大在籍時に1人も会ったことがありません。

「類は友を呼ぶ」かもしれませんが、私の周りは、話し方はゆっくりで、適度に目を見て話す学生ばかりでした。

ほとんどの東大生は、穏やかで、知識・常識があります。

少し前に、某有名タレントが東大生数十人とトークするテレビ番組がありましたが、その某有名タレントが、事前のイメージ（東大生とは会話がかみあわず、東大生には特権意識がある等々）と全然違い、「本当にあなた方、東大生なの？」と言っていたことがあります。

それでも、東大生が東大生以外の人とある程度話が合わなかったり、変人に思われるのは仕方ない面もあります。桁外れに記憶力があったり、興味の対象が違うからです。

俗説ですが、ＩＱ（知能指数）が違うと見えている世界が違っていて、ＩＱが20違うと会話が成立しないと言われます。ただ、対応力があり、話を合わせることができる東大生も少なからず存在します。

9 まとめ

東大・東大生についてのマスコミ等の報道や情報は偏っていることがありますし、それを信じている人が多いことは残念です。

親が、年収が、地域が、学校がと言いますが、それを言い訳にする、それで東大を諦めることは間違っています。学歴は世襲ではありません。また、経済格差が学歴の差だという声もありますが、お金持ちの子供だからといって東大に合格できるわけではありません。

逆に、お金持ちではないという逆境から這い上がるために東大を目指すという動機付けにもなります。

子供の頃から遊びを我慢して眠る時間を削って勉強すれば、「東大」という学歴を手に入れることは可能です（それでも不運にも入試に落ちることはありえますが）。多くの東大生は、同年代の学生が遊びに恋愛にスポーツに走り回り、ゆっくり眠っている間、勉強してきたのです。

私は、小学生の頃は家では全く勉強せず野山を駆け回り、中学生の頃は部活をしていましたが、高校生の頃だけは、ほとんど遊びも恋愛も部活もせず、あまり眠らずに勉強しました。人生を決める時期は、それぞれにあるはずで、その期間は全力を注ぎます。

人は、それぞれ条件が違います。それを嘆く・羨む暇があったら、できることをやる、覆してやるいう気概を持ち、努力をする方が先だと思います。

私は、自分が逆境に居たとも逆転とも思っていませんでしたし今でも思っていませんが、客観的に見て条件が整っている人を逆転した方が人生として面白いですし、実際、やりようによって可能です。

第 4 章：実践編

東大に合格する勉強法・知識編

1「お受験」について

東大に合格するために、「お受験」は必要か

ここで「お受験」という場合、名門幼稚園または名門小学校の受験を想定しています。幼稚園入試のための塾、小学校入試のための塾、さらには子供が生まれてすぐの時期からの塾もありますし、また、そのための親の塾もあります。

しばしば、東大に限らず「いい大学」を目指すためには、名門幼稚園、名門小学校、さらには中学・高校・場合によっては大学までの系列校があるところを受験して入学することが必要と言われています。

地方のお受験

まず、地方においては、ほぼ「お受験」する幼稚園や小学校が存在しないので、その時点では気にしなくていいですし、気にしようがないので、気は楽です。

しかし、東大に合格するためには「お受験」をしなければならない、また、した方がいいのならば、そのような幼稚園・小学校が存在しない地方は、都会に対して、全体として大きなハンデがあると考えられることになります。

都会のお受験

都会では、幼稚園または小学校入学時に、「お受験」するという選択肢があることになります。言い換えれば、この時点でどうするかを決めなければなりません。都会でも、教育方針により、また、通学の関係や経済的理由等のため、子供を公立に行かせることもあるでしょう。また、お受験に失敗した場合は公立に行くことになります。

子供をどの小学校（幼稚園も）に通わせるかについては、その授業内容のみならず、学生の全体的な学力、さらには教師・学生生活・他の保護者・雰囲気等を考慮しなければなりません。その意味では、お受験をして入学する小学校の方が、勉強しやすく学生生活においても問題が少ないと思われます。他の学生の家庭もまた、教育熱心で家庭環境が良い可能性が高いという点も長所でしょう。

また、お受験のため幼児期に頭を使い・勉強する習慣をつける・面接等に備え礼儀作法を身につけるという意義もあります。系列の中学・高校（東大受験を考えなければ大学も）がある場合は、その後の受験勉強が不要（入試がある場合は必要ですが）という点も安心材料です。

お受験の弊害

幼児期の子供は、まだ自我が発達せず、また、その能力も未知数です。この幼児期に、親が受験を決め、塾に通わせ（親も塾に通い）、勉強させ、礼儀作法を学ばせることは、プラスの効果があるとは限りません。

まだ遊びたい年齢、物心がつく前から受験を強制すると勉強嫌いになることもありますし、万一不合格になれば、トラウマになって子供に劣等感が植えつけられてしまうこともあります。

系列の中学・高校があり、それぞれ入試がない場合でも、東大入試は必ずあるので、東大入試が久し振りの入試になってしまいます。また、途中で入試がないため、かえって勉強がおろそかになる可能性もあります。

教育にかかるお金は基本的にはケチってはならないということは前提ですが、それでもやはり塾代がかかりますし、幼稚園・小学校の学費は、公立よりは高くなります。

地方はほぼ公立校

一方、地方はほぼ公立ですし、都会であっても何らかの理由で公立に通う場合、東大受験では不利になるのではないかと思うかもしれません。しかし、普通の幼稚園（または保育園）から公立小学校に入学して、将来東大に合格する例はいくらでもあります。

それはやり方次第ですし、子供の発達段階次第です。「東大に合格するためには、必ずお受験して名門幼稚園・名門小学校に入らなければならない」ということはありません。

とくに地方で「都会と違いほぼ公立しかない」状況でも必要以上に気にしなくていいですし、実際問題として、その条件でやっていくしかありません。

2 「中学受験」について

地方でも中高一貫校が増加

幼稚園・小学校と異なり、地方でも、入試がある中学校は存在します。

中高一貫校は、6年間を計画立てて大学受験に合わせたカリキュラムで授業しており、実際、都会の中高一貫校は東大合格者数ランキングを見ても上位に入っています。

最近は、地方の公立でも中高一貫校が登場しています。たとえば私の出身の県立高校は、私が通っていた頃は高校だけだったのですが、数年前に附属中学校を開校し、一部学生については中高一貫となっています。また、中高一貫ではなくても、入試がある中学校の方が、普通の公立中学校よりも、ある程度整った環境で勉強に打ち込めると言えます。

私立は公立に比べると学費がかかりますが、特待生制度がある場合は学費が安い・かからないこともあり、公立と私立のどちらが経済的負担が重いかは一概には言えません。

普通の公立中学校でも東大に合格できる

ただ、中学受験を目標に小学生時代の全てを受験勉強に費やすことは考え物です。このあたりは本人・親の判断でしょうが、普通の公立中学校でも、そこでの勉強と高校での勉強で東大に合格することは可能です。

私は、第1章：心得編　目指せ！東大生の7で述べた通り、非常な偶然により、国立大学附属中学校を急遽受験し合格することができました。国立ということで「純粋な公立ではないじゃないか」と言われればそうですが、私立ではなく国公立という括りには入ります。

中高一貫校ではなく「附属高校」はなかったので、６年計画の授業ではなく、高校受験をしなければなりませんでした。また、教師は他の公立中学校と人事異動がありましたし、校風も「勉強勉強」ではありませんでした。以上から、都会の中高一貫の名門私立校よりも、公立中学校に近い存在だったと思います。

3 「高校受験」について

進学に力を入れている高校を選ぶ

中学校までは入試がない公立校に通ったとしても、高校は入試があります。東京等の大都市では、有名私立高校のほか、公立でもたとえば都立の有名名門高校がありますが、地方では、県庁所在地及び主要な市（主要といっても人口は少ないですが）に県立高校（市立もありますが以下では県立とします）、さらに私立高校があります。

高校は、流石に、家の近くの高校でいいとは言い切れません。進学に力を入れている県立高校

（または、あるならば私立高校）を選ぶことが必要です。県立なら進学重点校（地域により呼び方は違います）制度があれば指定されているか、進学実績、合格の目安となっている偏差値、さらには校風、通学時間、私立の場合は学費等（特待生制度も）も考慮して決めることになります。いわゆる地方の県で、東大をはじめとする難関大学に合格者を輩出している県立高校（私立高校）は、調べればすぐ分かります。県庁所在地のほか、県内2、3番手あたりの市の県立高校（私立高校）からも、毎年または数年ごとに東大合格者が出ていることがあります。家から通うことができる範囲ならば、その高校を目指した方がいいでしょう。

学区・校区設定がある場合や、家から遠いため通学できない場合は、県内であれば親が通勤可能と考えて家族ごと住所を移す（引っ越す）ことも視野に入れた方がいいでしょう。

県立の進学校だと、多様性はありつつも、勉強環境、教師、大学受験についての情報等、市内・県内の中では恵まれています。学習塾・予備校に通わなくても東大合格は可能ですし、県立なので学費は安く、裕福な家庭でなくても子供を通わせることができます。

都会の名門校を選ぶ功罪

高校進学時（中学校進学時でも考えられますが）、他県（都会）の名門（私立）高校に進学するという選択肢もあります。

「都会の名門（私立）高校で学ばなければ東大に合格できないのではないか」と考えると、この時点から親元を離れて都会の名門（私立）高校に通うか、場合によっては家族ごと引っ越すことが考えられます。可能な距離ならば、新幹線等で通うこともあるでしょう。

実際にそこまでやる学生・家族も居ますが、経済的理由・親の仕事上の理由等で不可能な場合が多いと思われます。そもそも、多感な時期・勉強に打ち込む時期における環境の変化の影響、また、家族ごと引っ越したり遠距離通学をしない限り、親と別に生活することによる各種影響も考えられ、必ずしもいい結果をもたらすとは限りません。

私（親も）は、わざわざ都会の高校に通わなくても宮崎県内の県立高校で勉強すれば東大に合格できると判断し、家から通学できる近くの県立高校、それも、文系の東大文Ⅰ志望だったのですが、東大等難関大学への進学実績がある「理数科」（基本的に理系）に入学しました。

その後、３年間勉強に打ち込み、東京大学教養学部文科Ⅰ類（法学部進学予定）に現役で合格することができました。

4 「公立か私立か」について

地方が有利な点

ここまで、幼稚園から高校まで、一般的な見解と個人的経験を基に考えてきました。「お受験」をして私立小・中・高校、また、中高一貫校に通うのがいいか、または公立に通うのがいいかは、地域性や本人の資質、家庭状況により一概には言えません。

ただ、地方では公立が多いので、「東大に合格するには私立が有利」となると、その時点で地方が不利となってしまい、東大を諦めることにつながりかねません。

たしかに私立という選択肢があまりないということ自体では地方は不利でしょうが、他方、学校選択であれこれ迷うことが少ない、また、私立が少ない分、公立が進学実績を挙げているという点は、地方の有利な点です。

また、公立では必ずしも東大受験を目指した授業をするわけではないということは、受験には不利に思えますが、幅広い知識を得る機会が増え、自分で勉強する方法を確立できるという点はプラスになります。子供の頃から少なくとも中学1－2年生までは、遊び・部活・恋愛（子供の頃から中学2年生という時期なので、文字通りの恋愛ではなく異性と接するという意味）等も十分できることは、その後の受験勉強においても、さらには東大での生活・社会人としての生活の基礎となる貴重な経験です。

また、一般的に公立の方が学費が安いということも長所でしょう。

ここでは「地方、公立だからといって東大を諦める必要はない」という点を強調しておきます。

5 「学習塾・予備校」について

東大合格には必須条件？

学習塾・予備校についてもまた、都会と地方で状況は異なります。都会では、東大を目指すならば、公立校に通っていればもちろん、名門私立校に通っていても、学習塾・予備校に通うということが既定路線になっています。

他方、地方では、かつてはほとんど学習塾・予備校がありませんでした。インターネットはなく、衛星やオンラインで東京の大手予備校の授業を受けることは夢のまた夢の話でした。今では、都会並みとはいかないまでも、学習塾・予備校は存在し、また、インターネットや衛星・オンラインで東京の大手予備校の授業を受けることも可能です。

東大合格のためには学習塾・予備校に通うことが必須という意見と、通わなくても東大合格は可能という意見が分かれています。

東大合格の実績がある、つまりノウハウを持つ学習塾・予備校に通うことで、東大受験に特化した授業を受け、東大受験に関する情報を得ることができ、さらには同じようなレベルの受験生が集まっていることによる効果も期待できます。

家に居て勉強がはかどらないときも、決まった時間に学習塾・予備校の授業があることで嫌でも勉強することになり、東大合格に向けた受験勉強のペースを守ることができると思われます。

マイナス面もある？

他方で、学習塾・予備校の授業料は、それなりの負担になります。とくに、私立校に通いつつ学習塾・予備校にも通う場合は、合計するとかなりの金額になるでしょう。

また、決まった時間に授業があるということは、必ずその時間は拘束されることになります。

学校で出た宿題、学校の授業に関する勉強のほか、学習塾・予備校に通い、さらにはその課題とその勉強となると、それ以外の時間がなかなか取れません。

さらに、大人数の授業の場合、分かり切った内容でも、分からない内容（後で質問すれば教えてもらえるでしょうが）でも、授業ペースと内容は個々人に合わせてもらえません。つまり、非効率または理解不足になる可能性があります。

また、近所に学習塾・予備校があればいいのですが、そうでない場合は往復時間が取られるので、どうしても時間のロスが発生します。

必須条件ではない

私が考える重要な点は、自分で勉強計画を立て、実行し、状況に応じて取捨選択・軌道修正する能力が、どの程度養われるかという点です。学習塾・予備校で敷かれたレールに乗っていれば東大に合格するかもしれませんし、実際に合格する可能性は高まるでしょう。

しかし、途中で何らかの事情でそのレールから外れた場合、また、東大に入学した後は、自分で勉強計画を立て、実行しなければなりません。そもそも、勉強計画は自分で組み立てた方が効率的という見解もあります。

学習塾・予備校に通わなければ東大に合格できないということはありません。一般的に、流石に東大理Ⅲ（医学部）は学習塾・予備校に通わないと合格できないと言われますが、私の知り合いの中でも、学習塾・予備校に行かず地方県立高校から現役で東大理Ⅲに合格した人が複数居ます。

なお、難関大学向けの個別指導塾や家庭教師（本当のプロ）については、よりオーダーメイドの対応になるので、大人数での画一的授業というマイナス面はなくなります。相性の問題もありますが、一概に否定するものではありませんし、逆に、必須というものでもありません。

6 「タイプ別勉強法」について

全方位型

以下では、具体的な勉強法について述べていきます。

私が受験した頃と今では、変わったこともあればそれほど変わっていないこともあるので、それほど変わっていないと思われることを中心にします。

勉強のやり方については、大まかに分けると2つのタイプがあります（個人的見解です）。得意科目・不得意科目という区分けではなく、勉強のやり方のタイプです。どちらが当てはまるかは人それぞれですが、一方でうまくいかない場合、他方を試してみる価値があります。

まず、「全方位型」があります（一般的な用語ではありません）。これは、毎日全科目（多くの科目）を勉強するタイプで、たとえば1日5時間勉強するならば、1時間ずつ国語・数学・英語・社会・理科と割り振っていくタイプです。この中で得意科目・不得意科目やその日の勉強量（ノルマ等）を調整するので文字通りの均等の時間にはならないのですが、毎日（勉強する日は毎日）全科目に触れるという特徴があります。

イメージとしては、全科目均等に少しずつ積み上げていくようなものでしょう。

このタイプの長所は、全科目万遍なく前進する、また、後退して弱点を補うことで、偏りがなくなることです。

また、どの科目でも、勉強する日に間が空いて忘れてしまうことがないですし、明日試験があっても対応できる点でしょう。

さらに、集中力が切れてきたら休憩を挟んで別の科目に取り組むとすれば、頭を切り替えることも容易です。

他方、短所として、ある科目に重点を置きにくいということがあります。ある科目に集中して調子に乗ってきても、他の科目に切り替えることになります。

さらに短所として、体感したことがある読者の方も多いと思いますが、ある科目に「脳」が慣れるには時間がかかります。科目を切り替える際に休憩を挟んだ場合は、再度勉強し始めて勉強自体に脳が慣れる時間がかかります。かといって、休憩を挟まなければ、前の科目を引きずったまま次の科目に突入し、脳が混乱します。つまり、科目切り替え時にロスが生じてしまいます。

私の実感では、高校の同級生の多数派はこのタイプでした。

一点集中型

他方、「一点集中型」があります（一般的な用語ではありません）。これは、今日はこの科目だけとか、勉強時間が長く取れる時でも2科目とか、ある科目の中でも「この部分だけを徹底的に」という勉強をするタイプです。今日はとにかく英語とか、３日間で日本史のここまでを全て復習するとか、大胆な時間の使い方をすることになります。

イメージとしては、凸凹がありつつ積み上げていくようなものでしょう。

このタイプの特徴は、全方位型の裏返しです。

長所は、まさに調子に乗ってきた時、どんどん進むことができます。調子に乗った時は、調子が出ない時の何倍もの効率で勉強が進みます。また、脳が一旦その科目に慣れた場合、科目切り替え時のロスがなく進んでいけます。科日ごとの切り替えがないので、集中力が続く限り勉強を続け、集中力が切れたら休憩することになります。休憩して勉強に戻る際、同じ科目なので脳が慣れる時間がそれほどかかりません。特定の科目を、ある程度の期間集中して勉強することで、一気に理解を深めることができます。

短所は、偏りが出かねないということになります。今日は国語、明日は数学とローテーションすれば5日で5科目を一巡するので、ある程度の期間で考えれば均等になりますが、短期的には偏ります。

また、個別の科目で考えると、勉強する日に間が空いてしまうので、一巡した時点ではそこそこ忘れているという点も短所です。ただ、高校の授業で毎日ほぼ全科目に触れているので、完全に忘れ去る・手つかずになることはあまりありません。夏休み等で課外授業等もない時期に、連日同じ科目を勉強する際は、時折他の科目を混ぜたり、ローテーションする等の工夫が必要です。

また、試験が近づいている時期には適しません。

私の実感では、このタイプは、高校の同級生の中では少数派でしたが、私はこのタイプでした。

2つのタイプは、全体の勉強時間は同じとはいえ、内訳が違うということになります。

タイプ複合も必要

完全にどちらかのタイプにしなければならないということではなく、複合することも可能ですし、複合することが必要です。

たとえば試験前（定期試験・模試・入試）の時期には全方位型にして、試験まで間があるとか勉強時間を長く取れる時期は一点集中型ということが考えられます。

人にもよります。集中力があまり続かない性質ならば全方位型、集中力が長く続く性質ならば一点集中型が効率は上がると思います。

不得意科目を一気に克服する際は、一点集中型がお勧めです。

7 「3ヶ月集中勉強法」について

脳内回路が結合、一気に飛躍

一点集中型の発展型が3ヶ月集中勉強法です。3ヶ月というのは科学的根拠はなく、目安ですし人によって差はあります。要は、短期〜中期、ある科目を集中的に勉強すると爆発的に成績が上がる（であろう）ということです。

私は、小学生の頃は家では全く勉強せず、中学生になってから勉強を始めたのですが、自分で勉強する際、小刻みに科目を切り替えると効果が上がらず、科目を絞って集中的に勉強する方が効果が上がると実感していました。

つまり、私は「一点集中型」だったのですが、その中で、ある科目を、大げさに言えば寝ても覚めてもずっと勉強し続けると、ある瞬間、大量の知識が連動して脳内回路が結合し、一気に「分かる」「飛躍する」ことがありました。

そして、飛躍して上のステージに上がれば、その後は忘れない程度の勉強で、その科目の学力を維持できます。その間に他の科目を重点的に一気に勉強して飛躍ということを繰り返し、一巡して最初の科目に戻り、新たに授業等で加わった範囲を含めて再び一気に勉強すると、一段階上のステージから、さらに上のステージに上がることができました。

この方法は自分で体得したのですが、その後、私が東大受験時に読んだ合格体験記で、もっと極端な人（それで東大に合格した）が居たので、再現不正確ですが、ここで紹介します。

その「極端な人」の内容は、「とても東大合格を望めない成績だったので、国語、数学、英語等、徹底的にわき目も振らず、とにかくその科目だけを勉強することにした」「その間に、バラバラの知識が劇的に結合し、飛躍的に理解が深まる瞬間があり、短期間で成績が爆発的に上がった」「他の科目でも同じことを繰り返し、結局東大合格レベルに達した」というものでした。

能力は一直線ではなく階段状に上昇する傾向がある

私は将棋が大好きで（見る側ですが）、棋士が書いた本（エッセイ）をよく読みますが、その中で「将棋は、1日1時間程度の研究を毎日することでは強くならない。3ヶ月とか半年、寝ても覚めてもとにかく将棋のことを研究すれば、素人でもアマ初段レベルになれる」という内容がありました（かなり以前に読んだので再現不正確ですが、趣旨は表現できています）。

脳科学的なことは詳しくは述べませんが、知識と経験（勉強）が増えていくと、相互にネットワークが形成され、次第に加速度的にネットワークが増え、ある瞬間に別次元にワープするようなものだと思います。子供の頃、練習して補助輪なしの自転車に乗ることができた瞬間のようなものだと思います。

勉強でもスポーツでも、能力は右肩上がりに一直線に上昇するのではなく、階段状に上昇する、踊り場の期間があって次の段階に上がると言われます。その踊り場の期間が、まさに一定期間集中することではないかと思います。

この方法のリスクは、集中して勉強している科目以外の科目がおろそかになることです。さらに、一巡する間に、せっかくできた脳のネットワークが錆びついてしまうかもしれません。このリスクをあえて無視して一科目に集中するか、少しは他の科目・すでに終わった科目を混ぜるかはまさに戦略ですが、一考に値する勉強法だと思います。

この方法で上のステージに上がると、その後はそれほど忘れたり後退することはありません。自転車に乗れるようになれば、数十年乗らなくても乗ろうと思えば乗れることと同じです。この勉強方法は、東大入試のための受験勉強に限らず有効だと考えられます。

8 「試験と目標」について

「大目標」と「中目標」

勉強する際、どのようにやる気を出すか、そのやる気をいかにして長く維持するかという問題があります。とくに東大合格という目標は、遠くに感じ、また、本当に実現可能かと不安になるでしょう。しかし、その目標のために計画を立て、着実に勉強していかなければなりません。

まずは、東大合格を「大目標」に設定します。その後の東大生としての生活で何をしたいとか、社会人として何をしたい、人生で何をしたいということも目標ですが、「東大合格」がそれらの目標に対する中間的な目標なので、とりあえずは東大合格を「大目標」に設定しましょう。

東大入試に限らず、ほとんどの入試は定員・順位で決まります（一部には、一定の点数・基準をクリアしなければ不合格、つまり定員割れしても構わないという大学もあります）。

すなわち、蓋を開けてみなければ分らない「合格最低点」を目指すという目標ではなく、他の受験生との比較で合格者（定員以内）の順位に入ることが必要です。その場合、目標を「上位」合格にした方がいいです。というのは、入試本番で多少失敗したり、その日に体調が悪かったりしても、合格ラインに達するためです。東大「上位合格」を大目標に設定しましょう。

東大入試に限らず、人間は目標の倍くらいのことを目標にして、ようやく目標が達成されます。「合格最低点（事前には分からないのですが）でいい」と思えば合格最低点を取ることが上限、「合格者の一番下の順位でも合格すればいい」と思えばそこが上限になってしまいます。

東大（上位）合格のためには、本番の入試前の模試（全国・東大型）で合格可能性が高い成績を取ることが「中目標」になります。その模試は1度きりではなく、高校3年生時（2年生以下でも受けること自体は可能です）に複数回あります。また、東大型以外でも、高校、場合によっては中学校の全国レベルの模試でいい成績を取ることも、中目標には適しています。

「小目標」

さらに、それぞれの模試より小さい「小目標」として、学内の試験でいい成績を取ることを設定します。日頃の勉強を一度復習し、試験という場で「アウトプット」することは、入試での「解答」の練習にもなります。いくら知識をインプットしても、入試でアウトプットできなければ意味がありません。

学校によると思いますが、試験範囲が決まっている試験（中間テスト、期末テスト）と、試験範囲が決まっていない試験（私の出身高校では「実力テスト」と呼ばれていました）があるとします。

試験範囲が決まっている試験に向けては、その試験範囲を集中的に勉強します。試験範囲が決まっているとしても、その理解・解答のためには、それまで習った全範囲の積み重ねが必要なことは言うまでもありません。つまり、新たに試験範囲になったことを勉強しつつ、それまで習った範囲・勉強した範囲を復習することになります。

試験範囲が決まっていない試験に向けては、それまで習った範囲をできる限り広く全体的に復習することになります。

この2つのタイプの試験でいい成績を取ることを目標に設定すれば、新たな範囲を勉強しつつ、それまでの範囲も復習するということになります。

人によって、範囲が決まっている試験は得意で決まっていない試験は不得意ということや、その逆もあります。性格的なものも影響するとは思いますが、この2つのタイプの試験が小目標で、いわば車の両輪のようなものです。

模試と学内の試験でアウトプットの訓練をし、正解していれば良し、間違っていればその部分を復習することで、より深く頭に入ります。入試本番ではない試験での間違いは、残念ではありますが、知識を再度インプットするべき箇所が分かったということで、決してマイナスではありません。人間は、間違った時の印象が頭に強く残るので、間違いが見つかってラッキーと思ってもいいでしょう。

以上が試験を手掛かりとした目標設定です。もちろん、それぞれアレンジしていいですが、大目標だけだと漠然として時としてうんざりするので、目標を手短なものに小分けにすることが重要です。

9 「目標と計画」について

1年単位の長期計画から立てる

ここまで書いた目標設定を基に、計画を練ります。最終的に東大に合格するためには、いつ頃までにどの順位（偏差値）を目指すか、科目ごとにどのレベルを目指すか、試験ごとの目標に向かってどのように勉強を進めるか、まさに、さまざまな段階・内容の計画が必要です。

重要なことは、「木を見て森を見ず」にならないように、全体を俯瞰して、自分がどの位置に居るか、勉強の方向性が間違っていないかを把握することです。

計画を細かく立てると、それだけで勉強した気になってしまいがちです。逆に、大まかな計画だと何をしていいか分からなくなります。「ちょうどいい加減」を探ることこそ、計画を立てる際に最も注意するべき点です。

高校1年生から計画を立てるとして（中高一貫校では中学1年生からですし、人によっては中学3年生からというケースもあるでしょう）、まずは大まかに、1年単位で長期計画を立てましょう。

たとえば「2年生の最初には学年で5位以内に入る」とか「3年生の時点では学年1位になる」とか「東大型模試でA判定」等を考え、それに向けて得意科目の維持、不得意科目の克服、どの科目に重点を置くか等、時間の配分を考えてみます。

次に、3ヶ月程度の単位で少し細かい計画を立てます。各科目の重点項目を一巡するとか、これまで習ったことを2周回してみる等の、やや抽象的なものでいいと思います。

1ヶ月計画から1週間計画に

さらに1ヶ月程度の計画を立てます。この期間だと、期間内に学内試験、時期によっては模試が入ってきます。つまり、学内試験や模試を組み込んだ計画を立てることになります。試験2週間前から試験準備態勢に入ろうとか、試験が終わったら少し休もうとか、その後、次の試験準備態勢に入る前には不得意科目を集中して勉強するとか、週単位の区分けのような計画になると思われます。そして、試験結果を基に、次の1ヶ月程度の計画を調整します。

そして次は1週間程度の計画です。これは、各種試験との時間関係によりますが、試験準備態勢期間ならば、国語はこれ、数学はここまで、社会は後に回して英語が先でここまで等と、科目単位で計画を立てていきます。

もっと細かく3日単位で計画を立てる人も居るでしょうし1日ごとという人も居るでしょう。中には、毎日1時間単位の計画を立てている人も居ますが、私には無理でした。人によるとは思いますが、あまり細かく計画を立てると、ズレが生じたときに頻繁に計画を立て直すことで時間が無駄になり、また、うんざりしてストレスになります。

1日単位の計画としても大まかにしておき、その日の勉強終了時に「今日はここまで勉強したから明日はこのくらいにしよう」と考える程度でいいと思います。

1週間単位の計画ならば、1日単位で予定がズレても調整・吸収できます。あくまで計画は計画、「予定は未定にして決定にあらず」という言葉があるように、計画には柔軟性と余裕が必要です。

10 「受験は競争だ」について

「合格定員以内」に入ることが目標

東大受験は、時として言われているような「合格最低点をクリアすればいい」というものではありません。合格最低点は後から分かるものです。問題が簡単ならば上がりますし、難しければ下がります。

合格最低点は、共通テスト（センター試験、共通一次試験）と二次試験の合計550点満点の60－65％程度の点数（理Ⅲは70％程度の点数）と言われますが、それを目標とすることは危険です。理論上は、70％の点数でも不合格ということもあれば、55％の点数でも合格することもありえます。そもそも入試は「定員」があり、他の受験生との競争なので、合格定員以内に入ることが目標なのです。

つまり、東大入試は、「点数」という「絶対的な数値」で決まるのではなく、他の受験生との「比較」「順位」で決まる「相対的なもの」になります。

たとえば、オリンピック代表を決定するマラソンで「上位3人がオリンピック代表内定」というのが入試です。男子が1時間台のタイムで走っても4位では不合格、2時間15分かかっても3位なら合格です。タイム＝点数で、順位＝文字通り順位です。

試験の中には、たとえば自動車運転免許の学科試験のように、絶対評価で一定の点数を取れば合格ということもあります。逆に、科目ごと・全体合計で一定点数を取れなければ合格させず、定員割れする覚悟で学生の質を維持するという大学もあります。

重要なのは順位と偏差値

すなわち、自分が全国の東大受験生の中で、どの程度の位置に居るかを把握する必要があります。この場合、順位は当然ですが、さらに偏差値が重要です。偏差値は、一定集団においてどの程度の位置に居るか、優れているか・劣っているかを判断するもので、他の受験生と比較する際は有用な指標になります。

単純な点数を目安にすることは、意味があるようでありません。簡単な試験ならば皆が高得点ですし、難しい試験ならば低得点になります。すでにやったことがある問題が出れば高得点ですし、未知の分野ならば低得点になります。

また、試験範囲がある学内の試験、試験範囲がない学内の試験、学外の試験、一般的な模試、東大型模試で点数の意味が全然違います。それぞれ、重要なのは順位と偏差値です。得点自体が低得点でも、他の受験生がもっと低得点ならば、相対的には高得点です。

東大受験生という集団の中で、自分がどの程度の位置に居るかを把握するためにも、全国的な模試（志望大学ごとに順位が出るもの）、さらに東大型模試が重要です。

11 「質か量か」について

勉強の質について

勉強に限ったことではなく、ある作業の全体の成果は、その「質×量」です。やる気になって机に向かっても、座っているだけ、漠然と教科書・参考書を読み問題集を解いているだけ（量）では十分な成果は得られません。他方で、いくら質が高くても、量が少なければ、やはり十分な成果は得られません。

勉強の質は、大きく2つに分けられます。

まず、勉強のやり方、参考書・問題集等の質という意味の質があります。勉強のやり方や計画が不合理、方向性が間違っている、適切な参考書・問題集等を使っていない場合、いくら時間（量）をかけても十分な成果は得られません。

もう一つの質は、勉強している時間の「勉強そのものの質」です。これは、大まかに、体調・集中力・効率の3つによります。

体調がいい時は質が良くなるのは当然と言えば当然ですが、体調が良すぎても、たとえば他のことが頭に浮かんできたり、体がうずうずして質が悪くなることがあります。

集中力は、この章の12で述べます。体調が悪ければ集中できないとなりそうですが、そうでもないこともあるので、体調とは別の要素として扱います。集中すれば、勉強の質が良くなります。

効率は、ここでは勉強のやり方そのものとは違う意味です。

まず、勉強を始めてしばらくして脳がその科目に慣れてくると、スピードが上がるということです。

また、たとえば問題集を解く場合、最初は時間がかかりますが、２回目、３回目になるとスピードが上がり、同じ時間でより多くの・深い勉強ができるということも意味します。このことは「経験曲線効果」と呼ばれ、勉強に限らず、経験が積み重なるとより効率的になる・生産性が高まるということです。

勉強の量について

次に勉強量ですが、これもまた大きく２つに分けられます。

「量」が、「勉強時間」を表すことがあります。「今日は５時間勉強した」「東大合格のためには、勉強時間は3000時間必要」等、勉強時間は分かりやすいので、よく言及されます。しかし、ただ机の前に座っているだけでは本当の勉強時間にはなりませんし、逆に、歩きながらでも頭の中で勉強のことを考えていれば勉強時間になります。つまり、勉強時間は、一つの目安にとどまります。

さらに、「量」が文字通りの「勉強量」を表すことがあります。「参考書を何冊読んだ」「問題集を何問解いた」等を指します。本来、「量」とは、この意味を表すべきです。

スピードが速い人ならば、普通のスピードの人と勉強時間が同じでも勉強量は多くなります。2人の勉強量が同じならば、スピードが速い人の方が勉強時間は短くなります。同じ人でもスピードが速くなれば、同じ勉強時間でも、それまでの自分よりも勉強量が多くなります。

質か量かの二者択一ではない

まとめると、質（参考書・問題集等の質×勉強そのものの質〈体調・集中力・効率〉）×量（勉強時間と勉強量）＝全体の成果となります。

そして、体調がいい時、集中して勉強すれば、勉強の深さが増し、さらにスピードが上がり効率が上がるので、一定時間における勉強量も増えます。

つまり、勉強の質を良くすることで、勉強量も増えることになります。

逆に、勉強時間が長く確保できれば脳がその科目に慣れ、勉強が進むと経験曲線効果も加わり、勉強の質が上がります。そのことで、一定時間における勉強量がさらに増えます。

つまり、「質か量か」という二者択一ではなく、量が増えれば質が上がり、質が上がれば量が増えるという、相互に補う関係・相互に牽引し合う関係になります。

⑫「集中力」について

せめて１時間は集中する

勉強の質の根幹となる「集中力」について、あらためて述べます。

「勉強しよう」とやる気が出ている場合、通常は集中力がある状態ですが、やる気はあるのに気が散るということは当然あります。

人間の集中力が続くのは30分とか１時間とか50分（だから学校の授業は50分刻み）、長くて90分等と言われます。大学だと１コマ（１授業）90分とか１１０分で、真ん中あたりで小休止を入れることもあります。小休止を入れる入れないにかかわらず、ずっと眠っている学生は居るのですが（笑）、それは置いておきます。

集中力は「人それぞれ」です。つまり、10時間集中できる人も居れば、30分しか集中できない人も居ます。これは、この章の14で述べる休憩の取り方とも関係してきます。

集中力が切れたら休むといっても、5分勉強して集中力が切れて休憩していては、勉強になりません。勉強を開始して脳がその科目に慣れるまでには、一定の時間がかかります。せめて30分から1時間は連続して勉強する、つまり集中する必要があります。

勉強に集中できる環境を作る

ここで重要なことは、ON・OFFの区切りをしっかりつけることです。そして、勉強する部屋（空間）は休憩する部屋（空間）とは別にします。さらに、月並みですが、気が散りそうなスマホ・テレビ・ゲーム・漫画・音楽等々を、勉強中に目に・耳に入らなくすることが前提です。たとえば、好きなアイドルのポスター等は励みになると言われますが、一旦目に入るとそちらに気を取られます。勉強に関することでも、たとえば日本史年表が貼ってあると、それが目に入ると他の科目の勉強中も日本史に頭が引きずられます。

さらに、目だけではなく耳からの邪魔も遮断する必要があります。勉強部屋自体の防音は重要です。とくに、外から・隣の部屋からの音は気が散ります。逆に言えば、気が散り出すと音が耳についてうるさく感じます。時計の音もうるさく感じるならば、音がしない時計に替えましょう。耳栓は有効ですが、耳の違和感が集中を妨げるうえに、かえって小さい音が増幅して感じることになるので注意が必要です。

騒音ではなく、意味のある言葉や音楽が耳から入ってきた場合、どうしてもそちらに意識がいってしまいます。クラシック音楽程度ならば勉強がはかどるという見解もありますが、私の場合、作曲家や音楽の歴史（世界史につながる）の方に頭がいってしまい駄目でした。私が受験生の頃、また、今も居るでしょうが、受験生が深夜ラジオを聴いているケースがありましたが、よく勉強できるなと感心したものです。

集中力が切れそうな時は好きな科目に切り替える

それとともに、集中力が続く時間を伸ばす訓練をしましょう。ただ、その訓練は難しいです。集中力は、ある程度生来のもの、また、子供の頃の経験の影響が大きいと言われます。ちょっと意味合いは違いますが、ＮＨＫの幼児番組を見ていると、一心不乱に一つの遊びに集中する子供も居れば、一ヶ所にとどまらず走り回る子供も居ます。

座禅や滝行、写経をしたからといって効果があるとは限りません。まずは、集中力が切れそうな時に我慢してもう少しだけ勉強を続けてみてください。集中力が切れそうなところでもう一頑張りすることを積み重ねると、集中できる時間が伸びることにつながります。

また、ある科目の勉強をしていて集中力が切れた場合、あえて休憩を挟まずに好きな科目に切り替えると、その科目に脳が慣れるまでの時間はかかりますが、集中力を取り戻すことができます。

勉強すること自体で気持ち良くなり快感を得ることがありますが、その経験が増えていけば、次第に集中力が持つ時間も伸びていくでしょう。その途中で、苦痛がなくなり、勉強に没頭し、周囲の音が聞こえず、目の前の参考書だけが目に入り、面白いように問題集の問題が解ける瞬間が来るかもしれませんし、実際来ます。

これはアスリートの世界で「ゾーン」とか「ランナーズハイ」と呼ばれる状態と類似の状態で、狙ってその状態になることは難しいですが、勉強を長時間していると、たまに「ゾーンモード」が発動します。無理は禁物ですが、一度気合いを入れて長時間勉強して実際に味わってみると、別の世界が開けた感覚になるかもしれません。

そもそも、興味があることには集中し続けるものです。シンプルですが勉強（内容）に興味を持つことが、集中力を高める一番の方法でしょう。

13「記憶法」について

「暗記」と「記憶術」の違い

「暗記」と「記憶術」は違います。

受験での暗記は、理解して覚え、必要に応じて頭の中から取り出せるようにすることです。その際は、必ずしも順序や系統だってではなく、関連する内容を頭の中のあちこちから引っ張り出せるようにしなければなりません。

もちろん、暗記の一環で狭い意味の記憶術を使うということはあります。

東大生は、また、私も、人から「何でも覚えているんですね」と言われることがありますが、そういうことはありません。頭がパンクします（笑）。

法学博士号を持っていると六法全書を全部暗記していると思われますが、ありえません。六法全書を全部暗記している弁護士は、おそらく居ません。居たら「神」ですが、実際の弁護の場には無用です。

「短期記憶」と「長期記憶」

脳科学的なことは詳しくないので極力専門用語は使わないようにしていますが、記憶には「短期記憶」と「長期記憶」があるとされます。

短期記憶は、電話番号とか、その場で聞いてその場で処理して数分程度で忘れても構わない記憶、実際に忘れる記憶です。一度しかかける必要がなく、覚える必要もない電話番号は覚えていないでしょう。

対して、長期記憶になった記憶は、忘れたと思っていても脳は覚えており、その記憶を思い出せないことを「忘れた」と言います。

要するに、短期記憶から長期記憶になるということは、「脳に収納」することです。大まかな例ですが、店で言えば、店員が、店頭で商品を仕入れる際のやり取りが短期記憶で、奥の倉庫に入れることが長期記憶することにあたります。お客さんが欲しい商品が店頭になく、店員が「在庫を見てきますね」と言って探して持ってくることができることが思い出すということで、「どこにあるか分かりません」が忘れたということです。

受験には、まず、覚えたばかりの「短期記憶」を「長期記憶」にすることが必要で、かつ、それをできる限り思い出せるようにする（「忘れた」としない）ことが必要です。

入試本番のその場で思い出せなければ無意味なので、その時点で思い出せるように普段から準備・訓練しておく必要があります。また、それまでの受験勉強でも、前に覚えたことが長期記憶に入っていても思い出せなければ、なかなか勉強が進みません。

つまり、普段の受験勉強でも、入試本番でも、「覚えてからある程度時間が経っても思い出せること」が重要ということになります。

短期記憶を長期記憶にするには、意識・手段・時間軸を考える必要があります。

まず、前提として、覚える際はその対象に「意識」を向ける必要があります。その意味で、集中力が重要なのです。人は、普段の生活では無限の物事を見聞きしていますが、覚えようと思わなければ、そもそも覚えていないか、すぐに忘れていきます。

たとえば、「今すれ違った人は、男性ですか女性ですか？」という質問すら間違う人は多く居ます。それは、意識していないからです。意識しないと、参考書等を読んでいるのではなく、文字通り「見ている」だけになりかねません。

「五感」を使って記憶する

そして、手段としては五感を使うことが効果的です。

ざっと参考書等を黙読すると、目（視覚）しか使っていません。全体像をつかむにはスピードが重要なので黙読でもいいのですが、長期記憶に定着するには弱いです。英単語等もそうで、単語集を見ても、それだけではなかなか覚えられません。

そこで、月並みですが、音読する・手で書くという古典的方法があります。音読で耳から音が入り（聴覚）、口も動くので使う器官（感覚）が増えます。手で書くことで「触覚」が加わり、また、参考書や単語集とは異なる自分の「字」（または「表」等でもいいのですが）で、新たな「目」（視覚）が加わります。

味（味覚）や匂い（嗅覚）は考えにくいのですが、一昔前の受験生に関する都市伝説で、単語集の覚えた頁を破って食べるという話がありましたが、「味」「匂い」になるかもしれません（真似してはいけません）。

さらに、座ったままではなく、立つ、歩き回る、また、場合によっては「勉強部屋で勉強する」という原則から外れますが勉強部屋とは別の場所で覚えようとすると、付近の風景や気配、体の動きと連動して記憶しやすくなります。

動くことは、血流の改善という点でも非常に重要です。座りっぱなしだと脳に血が回らなくなり、集中できなくなって効率が落ちます。端的に、頭・首・肩・腰も痛くなります。

私は、集中力が切れてくると、英単語・熟語、古文・漢文の単語、地理の統計、日本史年号、数学の公式等を手に持って、ぶつぶつと声に出しながら部屋の中を歩き回っていました。

記憶の手掛かりを作る

また、長期記憶になっても、思い出せなければ（忘れれば）意味がないので、思い出す手掛かりが重要です。これは、五感とは別で、あることを覚える際に「記憶の手掛かり」を作っておくことを指します。

たとえば、歴史の年号を語呂合わせて覚えるのも手掛かりですが、語呂合わせを忘れては意味がありません。やはり、年号に何らかの意味を持たせて記憶した方が定着します。また、覚えることを相互に組み合わせ、関連付けて覚えていくことが効果的で、そのことを忘れても別の記憶から辿ることができます。

私の場合、日本史は得意中の得意だったのですが、単に年号を暗記するのではなく、歴代天皇、歴代摂政関白、歴代将軍（執権）、歴代総理大臣を縦軸にして覚え、横軸にそれぞれ発生した出来事を張り巡らし、その中でさらに関連事項、必要ならば年号を覚えました。こうすると網の目のように相互に絡み合い、記憶に定着し、また、思い出す時も、どこかの記憶の手掛かりに引っかかれば関連することを全て思い出せます。

時間との関係

続いて、時間軸に着目します。「忘却曲線」という言葉を聞いたことがある読者の方も居ると思います。あまり信憑性はないという説も見受けられますが、経験則として、覚えた直後は覚えていても、1時間、1日と時間が経過するにしたがって忘れていくことは事実です。

重要なのは、覚えた後は急速に忘れ、時間が経過するにしたがって忘れ方が緩やかになっていくということです。つまり、覚えてから1日後に覚えていることはかなり少なくなっていますが、その時点で覚えていれば、3日後、1週間後、1ヶ月後も覚えていることが多いとされます。

つまり、覚えたことを覚えているかを定期的に確認し、忘れていれば覚え直すと、次第に忘れる部分が少なくなる・忘れにくくなるということになります。

「問題集」を活用して記憶を強化する

この確認の間隔については諸説ありますが、覚えた直後は、短期記憶の領域になるので確認してもあまり意味がありません。１日後、１週間後、１ヶ月後とか、３日後、10日後等とされますが、人それぞれです。

その作業で、覚えたことが長期記憶に定着していきます。この際、参考書等を見直すだけでは弱いです。そこで活用するのが「問題集」です。問題を解くということで脳に負荷がかかり、また、問題文と解説という新たな情報と組み合わせて思い出し確認することで、記憶が強化されます。

忘れていて問題を解けなかった・間違った場合は逆にチャンスです。人間は、はるか昔、野山で暮らしていた頃の名残で危機を察知する能力を持っているため、「間違った」際は注意が増すと言われています。また、入試本番で間違ったのではないという点で、ラッキーです。

参考書の分かりにくいところや、問題集の解答（とくに間違った問題）の解説・解き方は、実際に読み上げて手で書いてみると理解しやすくなります。目で追っているだけでは上滑りしますし、目で見ているけれども脳が認識していない、さらに脳内で勝手に補って読み飛ばし・読み違いをしていることがあります。

読み上げれば読み損ないはないですし、目で見る、口に出す、耳から聞こえる、さらに手で書けば、4ルートから脳に伝達されます。

さらに、私が小学生の頃に登場したのが、商品名を出していいと思いますが「チェックペン」です。当時は今と違い「赤」色で塗り、「緑」のシートで隠すタイプのものだけでしたが、原理は同じです。これは衝撃的・画期的な存在でした。それまでは、教科書や参考書等の記述に線を引くことはあっても、それを隠すのは面倒で難しく、知識の確認は、問題集や、単語集の片方を隠す等で行っていました。

「記憶」の確認で「長期記憶化」する

「覚えているかの確認」すなわち記憶の定着と思い出すことを繰り返せば、忘れなくなってきます。後は、定期的に受ける各種試験等で忘れている部分を発見し補っていき、入試に臨むことになります。

右脳で覚えると凄まじい記憶力を発揮すると言われていますが、右脳と左脳についてはここでは触れません。五感を使うということは右脳も関係しているのですが、受験勉強中は、あまり意識しなくても問題ありません。

一旦長期記憶になると、人間はずっと覚えていると言われます。夢の中や催眠、さらには死ぬ前（臨死体験）で、それまでの記憶が蘇ります（死んだことがないので分かりませんが、臨死体験者によるとそうです）。忘れるのではなく、思い出せないだけです。

私は、東大受験から30年以上経った今でも、高校生の教科書等をざっと読むと、ほぼ思い出します。

一般的な話ですが、思い出せない（忘れる）ことは、人間にとって重要です。嫌な記憶やつらい経験を全て思い出していたら大変です。もし、覚えたことが思い出せなくても、がっかりせずに、「忘れたっていいじゃないか　人間だもの」として、また覚えればいいのです。

14 「休み方」について

授業の合間と昼休みはしっかり脳を休ませる

集中力が切れるタイミングで休むことは、非常に有効です。また、集中力が切れていなくても、心身の状態を保つために適宜休むことは必要です。

日々の休み方と、より長期の期間での休みを分けて考えます。

まず、心身の具合が悪い時は思い切って休みましょう。明日が試験とか差し迫った状況でも、最低限の勉強にしないと翌日以降さらに悪化します。

それを前提として、普段の生活でどのように休むかです。

まず、学校ですが、授業の合間の10分程度の休み時間と、昼休みがあります。

授業の合間の10分の休み時間は、次の授業をしっかり受けるために休むべきです。友人と話してもいいですし、しばらく目を閉じる、また、トイレに行ってもいいです。スマホをいじるのは目が疲れるのでお勧めしませんが、気分転換になる程度ならいいでしょう。

この休み時間に勉強することは問題があります。私の出身高校はまさにそうで、休み時間も多くの学生が勉強していました。これは心身に負担がかかり、また、科目が違う場合、次の科目の授業が始まっても、脳が休み時間の勉強の科目に引きずられるので、私は一切しませんでした（ただ、たとえば次の授業で小テストがある場合は勉強していました）。

昼休みも勉強する学生が多かったのですが、私は、校内を歩いたり運動したりする方がリフレッシュして心身に好影響を与えると思い、勉強しませんでした。一部の教師から「他の学生みたいに勉強しろ」と言われたり、「他の学生の手前、せめて勉強する『フリ』をしてくれ」と頼まれたりしましたが、絶対おかしいので従いませんでした（笑）。

「ながら勉強」「ながら休み」は集中力低下をまねく

学校では、休み時間に一旦心身を休ませることが、授業をしっかり受けることにつながるので重要だと思います。また、昼休みくらいは運動した方が、ストレス解消・体力をつける・体調維持にもつながります。

家でも、やはりＯＮ・ＯＦＦの区切りをしっかりつけることが重要だと思います。休む時は休む。こんな当たり前のことがなぜかできていない学生・家庭が多いです。「ながら勉強」は集中力が低下して勉強になりませんし、「ながら休み」は心も脳も体も休まらないので休みになりません。

私が学生時代、友人の家に行って驚いたのが、居間やトイレ、時々風呂にまで勉強の内容を書いた紙が貼ってあったことです。東大の学生の頃も、司法試験を受ける友人の部屋でそのような部屋があったので、そういう人・家庭が存在することは認識していますが、このような「常在戦場」では、全く休まりません。

勉強中に漫画等が目に入ると集中できないとこの章の12で書きましたが、他方、休むべきところに勉強のものが目に入ると休めないことは明白です。

せっかく面白いテレビを見ていても、勉強に関することが頭の片隅、いや、目の片隅にチラチラして全く休まりません。トイレに勉強内容が書かれた紙が貼ってあると、出るものも出ません。

風呂は、第2章：心得編　東大に合格する生活の7で述べたように重要ですが、そこで勉強がチラつくと「集中して」風呂に入れず疲れが取れません（私が今住んでいるところはテレビが浴室内にありますが、絶対に見ません）。

15「勉強する場所」について

「居間で勉強」について

「勉強に最適な場所はどこか」についての私の見解は、これまで書いてきたことから自ずと明らかになります。やる気を損なわず、集中でき、休む場合はしっかりと休める状態にすることです。

自宅の場合、自分の部屋が原則です。私は一人っ子だったので兄弟姉妹と同じ部屋で気が散るということはなかったのですが、子供部屋が不足する場合は、何らかの形で独立空間を確保する必要があります。

これに関連して、最近、「居間で勉強」ということが報道され流行っているかのように思われますが、個人的見解ですが向き不向きがあると思います。

「親の目が届く」と言いますが、逆に、「親の目が届かないと勉強しなく」なってしまうかもしれません。また、何か調べたりする際、その参考書等が居間になければ、置いてある場所に取りに行かなければならず、勉強が中断するか、後でまとめて調べようとして調べること自体を忘れてしまいます。対策は居間に本棚を設置するくらいでしょうが、限界があります。

そもそも問題は、おそらくは勉強に集中できません。居間には家族が居ますし、家事の音、料理の匂い、テレビ、電話（スマホ）等、集中を妨げるものだらけです。また、休憩の際には、自分の部屋に戻る（本末転倒です）のではない限り、勉強している居間に居続けることになり、休まりません。

親の立場としても、いかがなものかと思います。「仕事から帰ってきて、居間でゆっくり晩酌しながらテレビを見る」ことがしにくくなりますし、夫婦や他の子供と会話しにくくなります。

そうすると、次の日の仕事や、家族のコミュニケーションに問題が生じます。また、いくら自分の子供とはいえ、仕事で疲れて家に帰って、居間で誰かが「勉強」している姿を見ると、親も疲れが取れないと思います。「子供が頑張っているのだから自分も仕事を頑張ろう」と思う殊勝な人も居るでしょうが、親は翌日の仕事のために家ではゆっくりするべきです。

よって、間取りの関係もあるでしょうが、居間での勉強は、せいぜい小学生まででしょう。私が小学生の頃に住んでいた家は、狭くて子供部屋がなかったのですが、そもそも家ではほとんど勉強しなかったので支障はありませんでした。

私は、普段の宿題や『夏休みの友』等の長期休みの宿題（できるだけ早く済ませていました）は居間のちゃぶ台でして、父が仕事から帰ってくる頃までには終了していました。中学生の頃に引っ越した家には子供部屋があったので、その自分の部屋で勉強し、居間で休んでいました。

本番訓練のため誰も知り合いが居ない場所で勉強する

これは自宅の場合ですが、その他、学校、学習塾・予備校の自習室、図書館、場合によってはファミレス等も勉強の場所になります。自宅では何らかの理由で集中できない等の場合は、外での勉強が主になりますし、気分転換にもなります。

外で勉強する場合の問題点は、自宅にある参考書・問題集等を、全ては持ち歩くことができないということです。したがって、勉強するものを絞って持って行き、分からない点はスマホ等で調べることもできますが、最低限メモしておき、家に帰った後で確認・復習することが必要です。

学校や学習塾・予備校だと周りに学生が居ますが、ほぼ顔見知りです。しかし、入試本番は、おそらく周りは知らない学生だらけになります。したがって、入試本番に備え、誰も知り合いが居ない場所で勉強して慣れておく必要があります。入試本番ギリギリまで自宅で集中して勉強しても、入試会場で力を発揮できないという事態を避けなければなりません。

つまり、入試が近づいてきたら、慣れるという意味で、あえて図書館（学校の図書館だと知り合いが居るので公立図書館等）やファミレスといったところで勉強することも必要になってきます。この場合、教科書・参考書等のインプットにはあまり適さず、問題集や過去問等でアウトプットすることに主眼が置かれます。つまり、周囲に知り合いが居ない環境（アウェー）で力を発揮するための訓練です。

また、うるさいところ・気が散るところで力を発揮する訓練にもなります。たとえば、ファミレスは、周りの席で客同士が話したり、出入りしたりする際には気が散るので、その中でいかに集中力を保つか、集中力が低下しても高パフォーマンスを維持できるかの実験と訓練になります。

「図書館は静かじゃないか」と思うかもしれませんが、基本的に静かな分、些細な音や人の動きが気になります。これは、入試会場に似た状況です。たとえば、隣の机の学生が貧乏ゆすりをする、鼻をかむ、咳払い、息づかい、紙をめくる音、字を書く際の音等々が目に・耳につきますし、たまに人が出入りする際も気が散ります。

16「勉強時間の確保」について

一定の勉強時間を確保することが東大合格の大前提

東大に合格するために必要な勉強時間は諸説ありますが、まさに人それぞれです。小学生の頃からの勉強時間を全て合計するか、高校生の時期だけか、また、学校の授業も算入するか、文字通りの受験勉強だけを考えるかで全然違う数字が出てきます。

東大に合格するために必要な勉強時間については、第5章：実践編　東大に合格する勉強法・データ編の9で検討しますが、ここで言えることは、「ある程度以上、かなりの時間をかけなければならない」という、当然のことです。

この章の11で述べたように、いくら勉強の質を上げても、絶対的な勉強時間が少なければ、十分な成果は得られません。

「量より質」と言いますが、とくに受験勉強を始めた頃は、たとえば参考書・問題集の「質」についての判断はできず、勉強量が増えていって初めて判断できるようになります。また、量を増やすことつまり勉強が進んでいくうちにスピードが上がり、同じ勉強時間でも勉強量は多くなっていきます。

さらに、まとまった勉強時間を取ることで効率すなわち質が上がります。よって、勉強量を増やし、また、その質を上げるためには、ある程度の勉強時間が必要ということになります。

小学生の頃は学校も早く終わりますし、遊んでも勉強時間は確保できるでしょう。中学生の頃から、部活・遊び・休息・勉強時間の配分を考えなければならなくなります。

時間は皆に平等で一定のものなので、勉強以外の時間を少なくしなければ勉強時間は長くなりません。第2章：心得編　東大に合格する生活の6で述べたように、せめて中学生の頃までは運動・部活をした方がいいと思われますし、高校生になって本格的受験態勢に入ってからも休息は必要です。

東大合格という成果を得るには、かなりの勉強時間が必要なので、何かを諦め・我慢しなければなりません。

「あまり勉強しなかった」という東大生も居るでしょうし、実際しなかったのかもしれません。しかし、それは「本人としては勉強勉強の生活ではなかった」とか「周りの学生に比べてあまり勉強しなかった」だけで、勉強時間としては多かった可能性があります。

また、東大生に限ったことではないですが、「こんなに頑張って成し遂げた」というより「軽やかに成し遂げた」という方が格好いいと思って過少に言ったり、場合によっては謙遜（聞く側にとっては嫌味にもなりますが）ということもあります。

まずは、一定の勉強時間を確保するということが、東大合格の大前提ということを認識しましょう。

自分にとって最適なパターンを見つける

私の考えは、ON・OFFの区切りをしっかりつけるというものなので、一日の中の細切れ時間は、心身を休めるか別のことをした方がいいと思います。5分程度の隙間時間とか、眠る前の僅かな時間も勉強で埋め尽くすと疲れ果てる気がします。

しかし、人によっては、その時間も勉強しなければ勉強時間が足りないこともあるでしょうし、細切れ時間の方が勉強しやすいタイプの人も居ると思います。通学時間については、公共交通機関を利用する場合は、勉強時間に使えます。

どうしても隙間時間や通学の際に勉強する場合は、机の上に本を広げることはできないですし、時間がかかる内容をじっくり勉強することもできません。また、その科目に脳が慣れる時間もありません。そこで、時間がかからず、持ち運び可能、その科目に脳が慣れなくても可能な勉強をすることになります。

具体的には、月並みですが、単語や熟語、用語、公式、年号、各種データ等を覚えることが最適です。本当は手で書いた方がいいのですが、それは普段の勉強時に机の上でやっておき、隙間時間や通学時間には単語集・熟語集に目を通すとか、公式も机の上の勉強で理解したうえで、隙間時間や通学時間には公式集を見る等、隙間時間には、じっくり取り組まずに記憶の定着を図る勉強が適しています。通学時間は、単語集等は広げられるでしょうし、それもできないほど車内が混みあっていても耳から英語のリスニングの勉強とか、自分で勉強内容を録音しておいたものを聞く等は可能です。

じっくり勉強できる時間と隙間時間の勉強を使い分けると、大きな成果が得られると言われています。休息・気分転換とのバランスを考えて、自分にとっての最適なパターンを探してください。

勉強・遊び・運動・休息の時間配分を自分で決めて実行するという経験・能力は、大学時代のみならず、社会人になってからも極めて重要なものになるので、将来を見据えた文字通りの「勉強」と言えます。

第5章：実践編

東大に合格する勉強法・データ編

1 東大入試の分析

「合格最低点は一つの目安」と考えた方が無難

第4章：実践編　東大に合格する勉強法・知識編の8と10でも少し述べましたが、しばしば、「東大入試の合格最低点は、共通テスト（センター試験）と二次試験合計550点満点の60－65％程度の点数（理Ⅲは70％程度の点数なので別として）なので、65％程度の点数で合格できる」「合格最低点は共通テスト（センター試験）も含めての数値なので、二次試験はもう少し低い点数（％）でも合格できる」と言われます。

果たしてそうでしょうか。

まず、各種ホームページ等で公表されている東大入試合格最低点を見ると、たしかに全体としてはそのあたりが合格ラインになっています。

たとえば令和2年（2020年）3月の入試データでは、センター試験分を合わせた550点満点で、文系では61－62％程度の点数、理Ⅰと理Ⅱでは57－58％程度の点数、理Ⅲは別格として

70％程度の点数が、合格最低点となっています。共通テストが導入された令和3年（２０２1年）3月の入試データでは、共通テスト分を合わせた５５０点満点で、文系では60－62％程度の点数、理Ⅰは60％程度の点数、理Ⅱは57％程度の点数、理Ⅲは別格として68％程度の点数が、合格最低点となっています。

つまり、科類で微妙に異なっています。

また、同じ科類でも年度によって異なります。

たとえば文科Ⅱ類を見てみると、合格最低点は、平成24年（２０１2年）は５５０点満点で３６７・０６６７点（約66・7％）、平成27年（２０１5年）は５５０点満点で３２１・８２２２点（約58・5％）となり、点数で約45点、約８％のブレがあります。入試問題の難易度や、受験生のレベルの変動によると考えられますが、このことからも、合格最低点は、一つの目安にとどめておいた方が無難となります。

頭に入れておかなければならないことは、合格最低点は、結果から見たものであるということです。事前に何点取れば合格と分かっている試験（たとえば自動車運転免許の学科試験）ではありません。

受験は競争なので、相対評価、要は他の受験生との比較、つまり順位で合否は決まるのです。合格最低点は、入試問題が簡単ならば上がりますし、難しければ下がります。したがって、550点満点の65％の点数を取れば合格できるかどうかは、不確実なわけです。

重要な目安は「東大型模試の順位・偏差値」

重要なのは、東大受験生の中での順位です。合格平均点や合格最低点が何点だろうが、定員内に入れば合格です。その目安になるのは、東大型模試の順位・偏差値です。偏差値＝悪という見解がありますが、偏差値は、単なる順位よりも、より他人との位置関係（成績分布のバラつき具合等も含めて）が分かる重要な指標です。

どの程度の順位・偏差値ならば東大合格可能かは、まさしく模試であれば「判定」で分かります。予備校は、膨大なデータを基に判定しているので、この判定を上げていくことが、合格への近道になります。

学習塾・予備校に行かなくても、東大型模試は、問題の様式・傾向、その雰囲気を味わう等のほかに、その時点での客観的な東大合格可能性を知るために、また、勉強の方向性が合っているかを確認するためにも、ぜひとも受験する必要があります。地方だと受験会場がないこともありますが、その場合は、別の地域という不慣れな環境で受験することで、東大入試本番の訓練にもなるので、何としても受験しましょう。

東大合格を確実にするために、５５０点満点の65％の点数を目標にすることは、さらに２つの意味で不十分です。

まず、第4章：実践編　東大に合格する勉強法・知識編の８で述べたように、目標を「上位合格」にして勉強することが重要です。そうすれば、入試本番で多少失敗しても、体調不良でも、結果として定員内に入る、振り返ってみると合格最低点をクリアすることができます。

また、人間、そもそも、目標とした以上のことはなかなか達成できないものです。大学を卒業して社会に出て人生経験を積むと分かってくるのですが、目標は大げさくらいがちょうどいいです。目標は、無意識に自分のリミッター（上限）になります。倍くらいの目標を掲げて、初めて当初の目標を達成できるようなイメージです。

「５５０点満点の65％の点数を取ればいいや」と思えば気は楽ですが、上限が65％になる可能性があります。65％を確保するためには、80％、90％、いや、「全問正解してやる！」という、気迫に溢れた目標を立てましょう。

2 共通テスト（センター試験、共通一次試験）

「共通テストは、東大入試の合格判定の際には点数が圧縮されるので重視しなくていい」「第一段階選抜をクリアすればいい」ということもよく言われますが、これは4つの意味で疑問です。

「その1点を叩き出せ！」

①まずは、第一段階選抜ラインは、後から分かるものです。事前にそのラインが分かっているわけではない以上、さらに、そこを突破しなければ二次試験に進めない以上、できる限りいい点を叩き出す努力をした方が安心です。

②次の疑問として、共通テストの点数は、たしかに東大入試の合格判定においては圧縮されます。900点（私が受験した当時の共通一次試験は800点満点でした）が、8分の1程度になってしまいます。しかし、それでも110点にはなるのです。東大入試に限らず、各種試験は、合格・不合格の境目付近は多くの受験生が密集しています。その僅かな1点（実際は合否の差は1点未満です）の差が、合否の分かれ目かもしれません。

たとえば、箱根駅伝のシード権争いでは、仮に1秒の差でも、翌年の「予選会免除で本大会出場」と、「予選会で本大会出場権を獲得しなければならない」大きな分かれ目になります。東洋大学駅伝部のスローガンは「その1秒をけずりだせ」ですが、まさに「その1点を叩き出せ」の精神で望みましょう。

③さらに、共通テストは東大型の試験とは全然違いますが、東大入試につながる知識と応用力がないと高得点は獲得できません。要は、共通テストの勉強をすることは、さらに高度な知識・応用力が必要な東大入試の前提であり、そこに至る重要な通過点なのです。

共通テストで高得点を獲得する勉強は、そのまま、東大入試のための基礎を固めることになります。

「マークシート」は、より客観的で正確

しばしば、「マークシート式試験では本当の学力は分からない」と言われますが、そんなことはありません（答えが分からなくて、でたらめに塗り潰してもいくつかは正解になるという意味では、本当の学力は分からないと言えますが）。

問題を作る側は、全体的な知識・応用力を測ることができるように、かつ、後で正解が複数存

在するとか正解が実はない（たまに発覚します）等とならないように、非常に神経を使って問題を作っています。

つまり、その問題を解くことができたということは、「本当の学力」があることの証明です。それ以外に「本当の」本当の学力があるという主張は、キリがないので気にしない方がいいです。

マークシート式の試験は、採点者の主観が入らないという点で「客観的」な試験です（マークシート式の試験は、「客観式テスト」の代表例とされます）。採点する側に回るとよく分かるのですが、論述式・記述式問題どころか、穴埋め問題でも、採点者の主観、採点基準のバラつき、体調・機嫌（あってはならないのですが採点者も人間です）が影響します。

マークシート式試験は、行・列がズレたりとか塗り潰し方がおかしくない限り、機械が採点するので、人間が採点するよりはるかに客観的で正確です。今回、共通テストに記述式問題が導入されませんでしたが、妥当な判断だと思います。

ちなみに、日本最高峰の試験とされる司法試験や国家公務員採用総合職試験では、マークシート式の短答式試験（択一式試験）もあります。このことが、マークシート式が有効な試験方式であるということの表れです。

「二次試験」で逆転のチャンスあり

④共通テストでいい成績を取ることの最後の意味として、端的に、共通テストでいい成績を取れば、いい気分になり、「乗った」状態で二次試験に臨めます。他の受験生を少しでもリードしているという部分でも余裕が出ます。もちろん、気持ちの緩みが出てはいけませんが、二次試験に向けて気合いを入れ直す気力もまた十分でしょう。

他方で、矛盾するようですが、全力を尽くした共通テストの結果が悪くても、第一段階選抜をクリアしていれば、二次試験で逆転のチャンスがあります。その際は「点差は8分の1に縮まる」「自分は二次試験の方が得意だ」と言い聞かせましょう。

以上から、共通テストについても手を抜かず全力を尽くしましょう。その先には東大入試・合格が待っています。

私が受験した平成元年（１９８９年）１月の共通一次試験（共通一次試験最後の年度）は、理科では化学と地学が簡単で物理と生物が難しすぎたということで、得点調整（物理と生物の得点のかさ上げ）が行われました。

私の点数は、各予備校のデータによると、全国でもかなりいい点数だったらしいので、いい気分で二次試験に臨みました。

3「東大入試の傾向」について

「過去問」の取り扱いに注意

具体的な受験勉強の初めに、まずは東大入試の傾向を知っておきましょう。

孫子曰く「敵を知り、己を知れば百戦殆うからず」。東大入試は、敵ではありませんが、東大の前に存在する「壁」のようなもので、倒すものではなく、超えるものです。

壁を超えるためには、壁の高さと特徴を知らなければなりません。壁の高さは、この章の1で、合格最低点として述べました。高さが微妙に変動するので、余裕を持って超えることを目指します。

その壁の特徴が、傾向です。

東大入試の傾向を知ろうとして、いきなり過去問を見ることは避けた方がいいです。過去問は、無味乾燥なうえに、全体としての傾向を知るには、文字通り10年、20年と見ていかなければなりません。そもそも、受験勉強開始の時点では、何が傾向かすら分かりません。また、問題を解かなくても、見た瞬間「難しい」というイメージが頭に入ってしまいます。

傾向について分析している本やホームページ等で、学習塾・予備校に通わなくても一定の情報が手に入ります。その情報を複数集めることで、情報の偏りがなくなり、傾向がつかめます。

過去問は、この段階でもまだ取り掛からない方がいいです。文字通りの形式面、たとえば問題の様式、長さ、配点、さらには解答用紙（科目によっては独特だったりします）を把握するくらいでいいでしょう。

一般論としての傾向は、私が受験した頃は、かなりひねった問題が多く、いわゆる「名門私立高校」「中高一貫校」で東大受験対策を十分した受験生が有利と言われていました。

当時も、私のように地方県立高校から現役で東大に合格することはできたので、そこまで極端な問題ではなかったはずですが、ひねっていなくても難しい問題が多く、量も多かったと言われています。

この傾向が２０００年代に変わったとされます。受験テクニックではなく、基礎的な範囲をしっかり勉強し、その応用で対応できる問題に変わったとのことで、公立高校からの合格者数が大幅に増えた年もあります。

つまり、全体としては、地方県立高校であっても、そこでしっかり勉強すれば、東大に合格できる可能性は高まっているはずです。ただ、その後、名門私立高校も傾向に対応して合格者数が増えています。

この全体的な傾向とは別の、各科目の問題の傾向もあります。たとえば、この分野は出題されないとか、ある特定の分野がよく出題される等ですが、これを過信すると危険です。この意味での傾向は、前触れもなく、突然、それも大きく変わることがあります。

その要因は、東大側が求める入学者についての方針の転換のこともあれば、問題作成者が変わった、また、長年続けてきたからそろそろ変えようとか、意表をついてやろう等、外からは分からないものです。

私が受験した、平成元年（１９８９年）3月の東大入試の数学の試験はまさに大転換で、波乱が起きました。科目ごとの出題分野の傾向にはとらわれず、全範囲を一通りやっておくことが必要です。

4 参考書・問題集　その1

「情報量」は多すぎず少なすぎず

参考書・問題集については、学校で指定される場合もあるので、それは必ず使うとします。その他に自分で選ぶ際や、学校で指定されたものも含めた使い方について述べます。

私が東大受験をした頃と今では、参考書・問題集の定番は、ほとんどと言っていいくらいに変わっています。その意味で、個別にこれがいい等の指摘はできませんし、しません。

ただ、一般的に言えば、参考書・問題集は、昔に比べると、はるかに充実しています。とくに、学習塾・予備校に通わなくても、それらの講師、また、学習塾・予備校が作成し、一般向けに販売している参考書・問題集の充実ぶりは目を見張るものがあります。

それらを中心に、いわゆる「定番」と呼ばれているものを選んでいく（学校で指定されることもあるでしょう）ことで十分です。

重要なことは、多すぎず少なすぎずということです。少なすぎると、端的に「情報量」が少ないということになります。何度繰り返しても、その参考書・問題集の範囲なので、知識のインプットも、問題を解くアウトプットも限られます。また、定番とはいえ、作者が居る以上、どうしても偏りがあります。ひょっとしたら間違いもあるかもしれませんし、必要な情報が抜けていることは十分ありえます。

他方で、多すぎると混乱します。また、参考書・問題集は何度か繰り返す必要があるのですが、多すぎると繰り返す「回転数」が少なくなり、勉強の質のみならず、かえって量も低下してしまいます。

1ヶ月程度で1周する

適切な数は5〜10冊程度（経験則なので人によります）だと思われます。

内容は、基本的な点を全体的に抑えているものを1〜2冊、中堅どころを2〜3冊、東大入試を意識したレベルのものを2〜3冊、さらに必要ならば、かなり掘り下げたものを1〜2冊程度でしょう。とくに、不得意科目ならば、自信を失うといけないので、最初は基本的なもの・全体をカバーするものから始めます。

たまに間違っていることがあるので、変に思ったりしたら別の参考書・問題集で調べる、また、学校で教師に聞いてみましょう。分かりにくい箇所も、別の参考書・問題集を見ると分かることがあります。

それらを繰り返していくのですが、重要なのは、全体をまず見渡すこと・解いてみることです。少しずつ完璧にしていくと（完璧かどうかは分かりませんが）、その部分までは分かりますが、それ以降は極端な話「ゼロ」です。そして、じっくり進んでようやく最後まで終わった時、初めの頃に勉強した部分は、はるか前の話になり、記憶に定着していません。

第4章：実践編　東大に合格する勉強法・知識編の13で述べた、記憶の定着の仕方からも、長くても1ヶ月程度で1周してみます。分からないところは、ざっと目を通して進んでも構いません。後の方の知識・考え方が頭に入った後で戻ると簡単に分かることもあります。

とにかく全体を見渡すことです。絵でたとえると、平らにしたキャンバス全体を、まずざっと塗ります。多少ムラがあっても気にしません。参考書・問題集を1周すると、記憶に残るところ、重要（太い字や図になっている）なところが、ジワリとキャンバス内部に浸み込みます。

5 参考書・問題集 その2

「参考書を読む・問題集を解く」を交互にする

2周目は、1周目よりは速くなります。1周目で抜けた部分・ムラのある部分は埋まっていきますし、1周目で浸み込んだ部分はさらに浸み込みます。

こうして、3周目、4周目となるにつれて、次第に全体が塗り潰されていき、キャンバスならば土台部分まで浸み込んでいきます。

問題集の場合、間違った問題は印をつけておいて繰り返し、正解した問題も、記憶のさらなる定着と処理スピードを上げるために繰り返します。3周目あたりからは、問題を見ると答えが浮かんできてしまうかもしれませんし、数学ならば解き方が浮かんでくることもあるでしょう。それでいいのです。記憶が呼び起され、脳の回路がつながり、太くなっていきます。

参考書を読むことと問題集を解くことを交互にすると、飽きが来ないうえに、インプットとアウトプットを繰り返すことになるので、記憶が定着し、また、思い出しやすくなります。

何周すればいいかは、人・状況によりますが、理想は、何となくでも項目と内容が画像として頭に浮かんでくる状態にすることです。そこまでやれば、各種試験前・入試本番前に読み返す・解き直す際も、それほど時間はかからないでしょう。

「紙の本・参考書」の効能

関連して、参考書や問題集は、できるだけ、「紙」の本にしましょう。最近は電子書籍もありますし、（スマホでは画面が小さいので、タブレットを持ち歩けばどこでも読めます。紙の本と変わらないとも思われますし、紙の本は傷む・場所を取る・重い等の欠点があります。

しかし、紙の本は、視覚のほか、その手触りで触覚、めくる時の音で聴覚、インクと紙の匂いという嗅覚と、五感を刺激する要素があります。電子書籍では基本的に視覚（さらに、あえて言えば手で画面等を触るので触覚）のみです。

また、紙の本は、直接線を引いたりメモを手で書きこんだりもできますし、繰り返すと横が黒ずんだり、頁が反ってきて厚くなったりします。そのことで「勉強した」という実感を得ることができ、精神的な安定要素にもなります。古い考え方と思うかもしれませんが、やはり紙の本の存在意義は否定できません。

「リアル書店」訪問のすすめ

参考書・問題集等の購入は、インターネットとともにリアル書店も使いましょう。インターネットの長所は、手軽に膨大な参考書・問題集等の情報を入手でき、どんな田舎でも取り寄せ可能ということです。

ただ、それだけではなく、やはりリアル書店にも行くことが重要です。今は、とくに地方ではリアル書店が減っていますが、近隣になければ時々でもいいので、リアル書店に足を運び、参考書・問題集コーナーに行ってみましょう。

実際に手に取って内容を見ることができますし、また、そのついでに目についた掘り出し物の参考書・問題集もあるかもしれません。

参考書・問題集は、内容・レベルが似たようなものならどれでもいいと思うかもしれませんが、文字の大きさ・色合い・全体の厚さ等、感覚的な部分も重要です。何となく頁が指に馴染まないとか、内容はいいのだろうけどなぜか読みにくいといったことがあります。そのため、やはり、買う前に実際に手に取ることができるリアル書店に行きましょう。

6「ノート活用」について

「これだけ勉強した」の実感が自信につながる

しばしば、東大生のノートについて語られることがありますが、「東大生はこのようなノートの取り方をしていた」という画一的なものはありません。一つ言えることは、「東大生はきれいなノートを作る・書いている」という話がありますが、「どうなんだろう？」と思います。

少なくとも、高校の友人で東大に合格した学生の多く、また、東大に入った後、司法試験や国家公務員採用試験に合格したり大学教授になった学生の多く、何よりまず私は、ノートがぐちゃぐちゃで、速記みたいになっていました。

東大の授業は、同志数人でグループを組み、当時はテープレコーダー、今はＩＣレコーダーかスマホで録音して後でテープ起こしをして完璧なノートを作成し、定期試験前にはそれを全科目分揃えることが通例になっているので（そのようなグループに参加しない学生も居ますが）、自分のノートがぐちゃぐちゃでも問題ありません。また、きれいに書いたノートは、「コピーさせてほしい」という依頼が殺到するので、その意味ではぐちゃぐちゃの方がいいという考えもあります。

ともかく、はっきり言えば、自分が読めればいいわけです。教師が話していることをリアルタイムで書き留める際は、きれいな字で書くことは不可能です。

家に帰った後で、別のノートにきれいにまとめて整理することはあるでしょう。そうすることで、授業内容を思い出し、覚え、後日の復習に使えるという効果があります。ただ、きれいにまとめて整理すること自体が目的となりがちですし、きれいに書くということは時間がかかるので、その作業にかける時間・手間のバランスが重要です。

これとは別に、参考書・問題集の内容を書いたり解いたりすること、また、暗記のために書いたり、図や表を作って整理する際に何を使うかという問題があります。広告の裏とかコピー用紙でいいという人も居ますし、それも否定しませんが、やはり安くてもいいのでノートがいいと思います。これは、後から、いつ、何の勉強をどのようにしたかが分かりますし、また、たとえば数学ならば解き方の過程が残るので、後で見直す時に、自分がどこで間違ったか、どうやってうまく解けたかが分かるからです。広告やコピー用紙と違い、ノートの場合は、散逸しません。そして、その冊数が増えていくと、「自分がこれだけ勉強した」という自信につながります。

私は、中学1年生から高校3年生までに使った全てのノートを本棚に並べていました。最終的には壁一面、天井までを占めましたが、それを見ることで、自分が勉強したことを実感して自信を持つことができました。また、前の試験の時やそれ以前にどのような勉強をしていたかを、随時確認していました。そのノートは、今でも、実家の本棚に大切に保管しています。

7 「科目」について

全ての科目の基本は国語・現代文、プラス数学

個別の科目の勉強法自体は、基本的な部分は変わっていないはずですが、やはり私が受験した当時と異なる点もあるので、本書では個別の科目について述べることは控え、全体的なことを述べます。

まず、全ての科目の基本は、国語、それも現代文です。当然ですが、あらゆる授業は日本語（現代語）で行われますし、試験問題も、解答も、全て日本語（現代語）です（英語等の科目の一部の問題と解答は除く）。

「自動車運転免許の学科試験の問題文の意味が分からなくて学科試験に落ち続けた」という話があるように、とにかく現代文が分からなければ話になりません。

もう一つの重要な科目は、数学です。普段の生活では、「算数」はお金の計算等で必要ですが、「数学」は重要ではないというか、普段は使うことはないでしょう。仕事で微分・積分や三角関数を使う人はごく一部ですし、その計算はパソコンソフトがやってくれます。

それでもなぜ数学が重要かというと、数学は「論理的思考」の基礎になるからです。この論理的思考は、どの科目にも必要ですし、大学に入った後も社会に出た後も、非常に有益です。ちなみに、法学部では数学は無関係と思われるかもしれません。しかし、実は法律的思考は論理的思考で、数学が得意だと法律も得意と言われます（例外はあります）。

また、数学は理科科目の計算問題にも連動するので、その意味でも重要です。

他の科目は重要ではないのかと言えば、それぞれ重要で意義もありますが、その根本は、言語である国語（現代文）と、論理的思考を養う数学です。

不得意科目に力を注いだ方が点数が伸びやすい

よく議論を呼ぶのが、「得意科目を伸ばすか、不得意科目を克服するか」ということです。たまに見受けられるのが、「東大入試の合格最低点は５５０点満点の60－65％程度の点数なので、不得意科目を１つ捨てても、得意科目でカバーすれば、合計点で合格できる」という主張です。すなわち、不得意科目は放置（共通テスト・第一段階選抜をクリアする程度）し、得意科目を伸ばすという戦略です。

たしかに計算上はそうかもしれませんが、果たして適切な戦略でしょうか。

まず考えなければならないことは、試験の得点は、科目別に上限があるということです。東大文系・理系で配点は違いますが、それぞれ上限があります。つまり、得意科目をいくら勉強しても、上限があります。たとえば上限（満点）を１００点とすると、本来は２００点くらい取れるまで努力しても、上限の１００点で止まります。

また、90点を１００点にすることは、なかなか難しいです。ケアレスミスもありますし、エネルギーをつぎ込んでも、上積みできる点数が「漸減」していくのは経験則上分かるでしょう。たとえば、得意科目が現在90点の実力として、さらにエネルギーをつぎ込んでも、点数上昇の割合は減っていき、また、伸びしろは最大10点ということになります。

他方で、不得意科目が50点の実力とします。不得意科目なので、やる気が起きなかったり、勉強量が多くなることはやむをえません。しかし、50点を60点にすることは、90点を１００点にするより容易です。また、伸びしろは50点もあります。

つまり、同じ時間・同じエネルギーをつぎ込むならば、不得意科目に力を注いだ方が点数が伸びやすく、伸びる余地も大きいということになります。

以上から、得意科目は点数が低下しないように注意しつつ、不得意科目を克服していく方が、合計点の「上がり方」が大きく、また、「上がる余地」も大きいため、東大合格の可能性を高めることになると思います。

私が受験生の当時考えたのは、東大入試において、仮に3科目は他の受験生と差がつかなくても、2科目で差をつければ、万一1科目失敗しても余裕を持って合格できるという戦略でした。3プラス2（万一の場合1マイナス）で合格する作戦です。

私は、社会（2科目）と数学が得意科目で、苦手科目はありませんでした。そこで、国語、英語、さらに共通一次試験の理科（生物）を重点的に勉強していきました。それぞれ積み上げたブロックを、一番高いブロックの高さを目指してさらに積み上げ、全体を平坦にしていくようなイメージです。

8「過去問と模試」について

赤本、青本、黒本、全部やる

東大入試に限ったことではないですが、しばしば「過去問を研究しろ」と言われます。ただ、この章の3で述べた通り、受験勉強開始時点では、文字通りざっと見る程度でいいと思います。かなり勉強が進んできた時点で本格的に取り組むことになります。

まず、入手できる限りの過去問を入手します。私が受験生の頃はインターネットはなく、いわゆる「赤本」で過去10年分程度しか入手できませんでした。今は、いわゆる「青本」もありますし、また、インターネット上では、たとえば予備校の過去問のデータベースもあるので、過去25年分程度は入手できます。

受験生の方はご存知の通り、青本は解説も充実しています。赤本と青本の2つ、あと、とくに共通テスト（センター試験）の過去問（黒本）については、どれがいいかではなく、全部やりましょう。直近3年分程度は、最後の仕上げに残しておきます。

その3年分以外の年については、最初は時間を測定せず、問題ごと（1問だけ等）に解いても構わないと思います。解答とともに、解説を重点的に読みます。この作業を全部やり、2周目、3周目になるとスピードが上がります。

その間に知識の整理をし、間違った部分等をノートに書き出しておきます。他の参考書の内容を書いたり問題集を解いたりした時のノートと混じらないように、別の「過去問ノート」としておいた方が分かりやすいでしょう。

過去問を解くことがある程度進んだ段階で、年度ごとに時間を測り、入試本番と同じ時間で解いてみます。5周目あたりでは、問題を見れば解答が分かったり、解き方が浮かんできたりします。そのレベルになるまで繰り返しましょう。

東大型模試を受け予備校担当者から情報を聞けた

過去問を繰り返すことで、東大入試ではどのような箇所が出題されるか、どのような知識が必要か、また、問題を解くための発想が分かってきます。それと並行して普段の勉強をすることで、次第に東大入試向けの学力が備わってきます。最後の段階で、取っておいた直近3年分の過去問を、実際の入試本番と同じ時間帯で解いてみましょう。

なお、25年以前より前、平成前半より前の過去問も、古本屋やインターネット上等で入手できますが、いわゆる「詰め込み教育時代」なうえに、子供の数・受験生が多く、必然的に東大を目指す受験生も多かったため、ふるい落としのために問題が今よりはるかに難しく、傾向・量（問題数）・問題の種類も違うので、そこまでやらなくていいですし、かえって頭が混乱したり自信を失ったりするので注意が必要です。

東大型模試は、複数回受けた方がいいですが、最低限1回は受けないといけないです。予備校ごとにそれぞれ「癖」があるので、多く受けるほど癖が「平均」されます。それらの模試は、これまでの東大入試の傾向と分析を基に出題されるので、客観性が高いです。

学習塾・予備校に通っていなければ、東大型模試で予備校担当者と顔を合わせたら仲良くなることも必要です。試験の帰りに声をかけ、「難しかったですね」とか世間話を振ってみましょう。予備校に通っていないのに図々しいと思われるかもしれませんが、お金を払って模試を受けた学生も立派な「お客様」なので、おそらく邪険にされることはないと思います。

その後、どうしても知りたい情報で、高校の教師やインターネット等では分からない東大入試情報は、その担当者に連絡を取り、駄日元で聞いてみましょう。このあたりは遠慮は無用です。

私は、1回しか会っていない担当者と仲良くなり、逆に、担当者の方から地方のリアルな東大受験生の情報を聞く電話がかかってくるようになりました。

9「1万時間の法則」について

東大に合格するために必要な勉強時間は?

勉強法の最後になりますが、読者の方の中には「1万時間の法則」を聞いたことがある方も居ると思います。これは、ある分野で成功するには1万時間の練習・努力・学習が必要という主張です。

「1万時間は多すぎる」という素朴な感想もあるでしょうし、実際、反論の主張もあります。ただ、文字通り1万時間かどうかはともかく、成功のためにはかなりの時間をかけなければならないですし、時間をかけていくことで、「飛躍」の瞬間が訪れます。

「東大に合格するために必要な勉強時間は何時間か」ということは、昔から議論されています。第4章:実践編　東大に合格する勉強法・知識編の11で述べたように、何時間机の前に座っていても、実際の勉強の質と量が問題なのですが、目安として3000時間という人も居れば5000

時間という人も居ます。

たとえば、将棋の米長邦雄永世棋聖の有名な言葉として、「3人の兄達は頭が悪いから東大に行った。私は頭が良いから将棋の棋士になった」という言葉があります（実際は言っていないという説もありますが）。もちろん、これは米長永世棋聖の「東大に行った3人の兄」の頭が本当に悪いわけではありません。

3人の兄は高校3年間で受験勉強に6000時間をかけて東大に行き、米長永世棋聖は将棋のプロ（四段）になるまでの10年間で10000時間をかけたということで、「自分の方が努力した」という自負と、「将棋棋士についてもっと知ってほしい」という意図を持った言葉です。

この説によれば、東大合格は3年間で6000時間の勉強が必要となりますし、大事を成し遂げるには10000時間が必要ということが目安となります。

参考までに、私の高校時代の勉強時間

一つの目安として、私の高校時代の勉強時間を挙げておきます。

①朝課外（九州の高校特有の風習とインターネットで見ましたが、朝7時半くらいから1時間、いわゆる「ゼロ限」がありました）

②月曜から金曜が7時間授業、土曜が4時間授業（体育等、受験科目以外も含みます）
③放課後の夕課外（学年・時期により変動。1－2時間）
④夏休み、冬休み、春休みの大部分は課外授業（毎日4時間＋α）
⑤家では、高校がある日と休みの日で違うのですが、平均して1週間40～50時間、年間52週で
　2000～2500時間
以上を合計すると、3年間で10000時間は優に超えています（家での勉強だけで6000～7500時間になるので、合計勉強時間は余裕で10000時間を超えます）。

私は生来睡眠時間が長い「ロングスリーパー」なので、高校3年間は本当に睡眠不足で、心も体も頭もキツかった時期です。また、3年間は試験また試験で、勉強以外の時間はほぼありませんでした。たとえば、部活はせず、テレビ・ゲーム・漫画は大幅に制限、家族旅行どころか友人とどこかに遊びに行くこともほとんどできませんでした。

この3年間は、とんでもない苦痛の時期でしたが、今振り返ると非常に充実していた時期です。

人間は、ある時期、夢中で何かに打ち込む経験が必要です。自分が自分でないような経験をすることは、後でかけがえのない財産になります。

私は、東大受験、国家公務員採用試験受験、博士論文執筆と、人生で3度、全力を注いだ時期

があります。その中でも東大受験は勉強期間が長く、全力を尽くし、東大合格後しばらくは抜け殻のようになりました（そのままだと五月病とか燃え尽き症候群になるのですが）。

もし何事もなく、「通り一遍」に人生を送ったら無難かもしれませんが、後で振り返った時、何か心残りがあるものと言います。私は、東大を目指して受験勉強して良かったと思いますし、実際に合格して報われたことが、その後の人生において大きな自信になりました。

勉強法については以上です。

古いと思われる情報もありますし、私固有（普遍性がない）の情報もあるでしょう。ただ、受験生が一番多い時代に、学習塾・予備校に通わず、地方県立高校から現役で東大文Ｉに合格した経験は、必ず、今の時代にも通じるものがあると思います。

また、その後の人生経験から見えてくることも付け加えています。参考になる部分・取り入れる部分があれば幸いです。

第6章：人生編

東大に入って良かった！

1 肩書が手に入る

東大に入って良かった点として、まず、「東大生」「東大卒」という肩書が手に入ることが挙げられます。しばしば、「肩書だけでは何もならない」「肩書の人生なんて」と言われますが、気にしないでください。

社会で生きていく時、肩書が重要ということは厳然たる事実です。肩書「だけ」でいいとは一言も言っていません。「肩書＋α」が必要なのですが、肩書がないよりあった方がいいことは明白です。

初対面の人間を判断する材料は、外見、目線、話し方（声）、挙動等ですが、それと並ぶ有力な判断材料は肩書です。勤務先・役職は、手っ取り早くその人を把握するには一番の手掛かりですし、そこから、その人の知識・能力や、人間性の一部も分かります。

「人は外見や肩書ではなく中身で判断するべき」と言われますが、中身は、初対面ではほぼ分かりません。また、外見や肩書は、中身を反映したものです。すなわち、肩書で判断することは合理的なことです。

東大生・東大卒という肩書は、何らかの名誉職のような形だけの肩書ではありません。日本の最高峰の大学に合格し、入学し、卒業したという肩書なのです。それは、高度の知識・能力を持つ証明、努力し続けられる資質を持ち、真面目な性格であることを示し、さらに、おそらくは常識があり、家庭環境も問題はないであろうということを推測させ、社会人としても家庭生活においても十分やっていけることを裏付ける肩書です。

つまり、東大生・東大卒の肩書は、すでに肩書「＋α」の部分があることの証明ですし、さらに「＋β、＋γ……を持っているか、獲得するであろう」という判断の根拠になります。

まず、俗なところでは、就職はかなり有利です。東大というだけで即内定というところもあります。起業する際も信用は絶大で、資金調達もしやすいでしょう。何らかの資格を取って事務所を開く時も、東大卒ということで顧客が付きやすくなります。

東大を知らない人はほぼ居ないので、仕事上、大きな信用を得られます。海外とやり取りする際も、東大の知名度は高いのでスムーズにいきます。

社会生活においても、東大生・東大卒というだけで信用度は大きく上がります。

たとえば、東大に合格した読者の方が初めてその肩書の効果を実感するのは、地方から東京に出てきて東大に通うために一人暮らしをするアパート・マンションの部屋を借りる際です。不動産屋に東大生と言うと、表には出さないいい物件を紹介してもらえますし、入居に際しての審査（審査があります）の際も大幅に有利になります。

また、東大卒業後、社会人となって家を買おう（建てよう）として銀行で住宅ローンを借りようとすると、勤務先等のほか、経歴（学歴）を書くことになります（銀行によりますが、ほぼ書きます）。その際、東大卒だと信用度が上がり、ローンが認められる（お金を借りることができる）可能性が高くなります（他の要因もあるので絶対とは言えません）。

銀行が、「仮に勤務先が倒産したり転職しても、それなりの職に就き返済できるだろう」、また、「東大を卒業したということは真面目なので返済するだろう」と判断するからです。

人間関係、交際・結婚においても同様です。卑近な話では、私が大学生の頃、交際していた彼女の家に電話すると、当時は携帯電話がなく固定電話だったので彼女の親が出ることがあったのですが、私が東大生と分かると親の方が大喜びして延々と話したり、デートの際に彼女の母親がくっついてきて3人で食事をしたり遊んだりしたこともあります。

「地位が人を作る」という言葉がありますが、「肩書が人を作る」と言えます。たとえば田中角栄元首相のブレーンは後援会に肩書を導入し、「肩書は生きがいに通じる。生きがいがあれば人間はよく働く。肩書がついた途端、一変した働きを見せる」と語っています。

肩書には、先入観や固定観念で人や物事を決めつけ、その行動や心理に影響を与える「ラベリング効果」もあります。世の中には、東人生・東大卒に対しての固定観念があるので、本人もそれに沿った行動をし、対応した心理を持つということになります。つまり、東大生・東大卒と言う肩書は、自分を律し・高めよう、変なことはできないと考え行動する動機になります。

時として、それはプレッシャーにもなります。本当は違うとしても「いい子」を演じなければならないことになります。

有名な話ですが、プロ野球の盗塁世界記録を持つ福本豊選手（阪急）は、「国民栄誉賞をもらうと立ちションできなくなる」と言って国民栄誉賞を辞退しました（実際は、記者との雑談の中での発言が広まったということですが）。今なら、「正義」を振りかざす人達が「立ちションは犯罪だ」と言って抗議するのでしょうが、当時はそんな野暮な時代ではありません。

ジョークだとみんな分かっていて、笑っていました。この例に倣えば、「東大生・東大卒だと『らしくない』ことをできなくなる」となります。

この葛藤には折り合いをつけていくしかなく、どこかで東大生・東大卒ということを隠す世界を持つことも必要でしょう。

肩書で判断するという社会を、別の基準で判断する社会に置き換えることは極めて困難であるということは想像に難くありません。少なくとも自分の生きている間、社会活動をしている間、覆すことは難しいでしょう。

それならば、その社会の中で生きていくために、一つの判断基準としての肩書を手に入れることは、合理的行動です。肩書を否定する者は肩書に泣きます。肩書は、十分すぎる価値があるものです。

2 素晴らしい人脈、優秀な友人

東大に入って素晴らしい人脈を得られることもまた、「東大に入って良かった」と感じることです。人脈はお金に代えられませんし、また、お金で得られる人脈とは違います。打算ではなく、努力の結果として得られる人脈です。

とくに、地方から東大に入ると、それまで雲の上、別世界の住人と思っていた人達と知り合えます。また、先輩・友人・後輩が、社会に出るとそれぞれの分野で活躍し、トップになり、その人脈が得られます。

直接知り合いではなくても、東大関係の知り合い経由で辿ることができます。東大というだけで親近感が湧き、社会ではどうしても少数派になるのでお互いに親密になれます。

現在、各都道府県で同窓会が整備されていますが、地方では人数が少ないので仲間意識が強く、仕事に限らず交流が生じます。それぞれの学部（分野）に関係なく、いざという時も非常に頼りになる存在です。各界の上層部との利害抜きの人脈は生涯にわたる財産です。

人脈と関連しますが、優秀な友人・知り合いができることも「東大に入って良かった」と感じることです。まず、本当に凄いと思う学生に出会ったりするようです。

ただ、実際に居るのか都市伝説なのか、私は「どう考えてもかなわない」と思う東大生には出会わなかったのですが、仮に実際に出会っても、くじける必要はありません。

通常は、入学後１ヶ月もすれば、東大生も普通の学生と分かりますし、実際そうでした。

また、大変な努力家が居ます。「その意味ではかなわない」と思うレベルだったりします。いつ眠るのだろうとか、東大に入学したのだから少しはゆっくりすればいいのにと思っていましたが、高校までの習性でしょう。とくに、授業の際、最前列に陣取る学生達（録音機付き）は威圧感があり、話しかけにくかったです。

逆に、中には「いつ勉強しているのだろう」というほとんど顔も見たことがない学生も居て、試験の時に「久し振り」「生きていたの?」と挨拶することが定例行事でした。

ともかく、地方公立高校出身、都会名門私立高校出身にかかわらず、それぞれ受験勉強をして東大入試を突破したということで、立場は対等です。引け目を感じる必要はありません。優秀な学生が多く居る環境で、自らをさらに高めることができます。

また、海外からの優秀な留学生も多数居ます。きれいな標準語を話す留学生も多く、日本語で会話できます。それぞれの国の話を聞き、知識が広がるとともに、日本の風習も教えたり、勉強以外の部分でも楽しいです。

また、留学生は、それぞれの国に帰ればおそらくはその国のエリートとして国を引っ張っていく立場になるので、貴重な人脈が得られます。逆に、東大生は海外の一流大学・有名大学に留学できる可能性が高く、留学先でも「東大」という大学名は最強です。

東大生同士が勉強の話で盛り上がることは、第三者から見るとかなり威圧感を感じたり、ドン引きするらしいです。しかし、東大生同士の場合、とくに同じ年に入学していれば、受験勉強、個別の科目、模試、共通テスト、東大入試の話が合いますし、細かい内容でも同レベルで話が通じます。

また、入学後も、授業や勉強、さらに学部が同じならば将来の進路について、その気になればいくらでも話ができます。たとえば、法学部ならば、法律用語や判例を使ったギャグやクイズ等もお互いに通じます。

もちろん、勉強関係だけではなく、共通の趣味や興味を持つことがある場合、それぞれ知識も記憶力もあり、また、話しながら考える能力も高いので、延々と話が続き盛り上がります。

東大では、勉強関係以外の文化系サークルも極めて盛んで、それぞれマニアックな活動、マニアックな話をしたくてたまらない学生が集結しています。

東大生は、子供の頃から高校生の頃まで、また、東大の外の世界で話す場合、相手と知識の量と質が違うので、会話がスタートから躓くことがあります。また、話す途中で、頭の回転が速すぎて、話の脈絡が飛んでしまって話が相手に伝わらないこともあります。

とくに、高校まで同レベルの話し相手がおらず「自分はどこか変なのかな」とか、他人から「あいつは何を話しているのか分からない」と言われていたとしても、東大では、おそらく会話が成立する学生が居ます。

たまに、お互いに一方的に話していて傍から聞くと会話になっていないこともありますが、お互いは変に思いません。

俗説かもしれませんが、ＩＱが20違うと話が合わないと言われます。見えている世界・その解釈が違いますし、前提となる知識の量と質が違い、さらには会話中の頭の回転速度が違うためと考えられます。

通常は、ＩＱが高い人は話を相手に合わせて調整できるので、それほど問題はないと思われますが、会話の端々で齟齬があり、自分も相手も相互にストレスがたまることがあります。その点、東大生同士ならば、それほどＩＱの差はないので、スムーズに話せます。

東大在学中も、東大卒業後も、東大生・東大卒の友人が頑張っているのなら自分も頑張ろうと思えます。ただ、あまりに差がある（友人が上）と思ってしまうと凹んでしまいかねません。

そういう時は、「彼も人なり我も人なり」で、自分の方がいいこともあるとプラス思考でいきましょう。

3 最高の大学

大学は研究機関でもあるのですが、日本の大学は、諸外国に比べて研究費がかなり少なくなっています。その中で、国からのもの、民間のものを含め、東大は研究費が一番多くなっています。研究者個人が獲得する研究費も、他大学に比べれば獲得しやすく、最先端の研究が行われています。

建物や設備については、理系は実験施設関係で立派なきれいな建物が増えていますが、文系はあまり恩恵にあずかっておらず、「伝統」が味わえます。

教員達は極めて優秀で、世界でも通用する研究者が多数在籍しています。最先端の研究成果を発表しニュースになっているその本人の授業を受け、ゼミに参加し、研究室に所属できます。

法学部でも、昨日全国ニュースでコメントしていた教授が今日目の前に居ますし、書店で名前しか目にしないであろう教授の授業を受けることができます。最初の時は芸能人を見たような感覚になりますが、すぐに慣れます。

とっつきにくい教員が多いと思うかもしれませんが、そうでもありません（あくまで私が接した範囲なので個人的見解です）。大きな教室での授業で延々と一方的に話す有名教員も、授業終了後に壇上に行って質問すると熱心に答えてくれます。

ただ、失礼のないようにすること、教員に「忙しい」と言われる時は遠慮することは当然です。ひょっとしたら対応してくれない教員も居るかもしれませんが、私は大学時代、大学院時代、そのような教員に一人も出会ったことはありません。

ミーハーな私は、全科目、それぞれの担当教員が書いた本を持って行ってサインをもらいましたが、全員喜んでサインしてくれました。また、数名の教員から「時間がある時に研究室に来ませんか」と誘われて行くと、その科目の内容のみならず、学生事情とか世の動き等の話題で盛り上がりました。

大学院在学中は、あるテーマについて有名教授が一介の学生の私（大学院生も学生です）と議論をしたり、本当に「研究」「勉強」が好きなんだなと感心しました。狭い研究室に呼ばれて数時間議論した後は、酸欠になっていました（笑）。

時折、国内外の有名な研究者、さらには有名人、世界レベルの要人が講演をしたり視察に来たりします。その講演を聴くことも素晴らしい機会ですが、そもそも「本物だ！」と感動します。

東大は、国内では最高の研究施設と優秀・有名教員達の授業・研究で、日本最高峰の知識が得られる場です（だと思います）。社会に出た後で役に立つかというと一概には言えず、学部、科目によって違いがあります。

ただ、たとえば『ドラゴン桜』では、「社会のルールは全て頭のいい奴が作っている。そのルールは頭のいい奴に都合のいいように作られていて、逆に都合の悪いところは分からないように隠してある」と言われています。

ここまで極端ではないにせよ、ある知識を持っているかどうかだけでも、社会生活では大きな違いがあります。

たとえば法学部だと、「法律は弱者の味方ではなく、法律を知っている者の味方」という言葉があるように、知っていれば社会生活において役に立つことはかなり多いです。また、研究者等になる場合は、その勉強そのものが将来の職業の知識になります。

直接的には社会生活の役に立たない科目を含め、東大で学ぶことで知的好奇心を刺激され、教養を得て、人間的に深みが出ることは問違いないです。

優秀な友人や最高レベルの教員と議論でき、実験・研究もできます。勉強・研究したい学生にとって、東大は日本で最高の大学です。

4 部活・サークル

東大生は東大に入った後も勉強・研究ばかりしているイメージがあるかもしれませんが、他大学と同様に、運動部（運動会）があり、さらに硬軟・大小・メジャーマイナー含め、多くのサークルがあります。

教養学部（駒場）ではクラスがありますが、専門学部に進んだ後はありません。人間関係が薄くなりがちです。とくに、法学部の場合は人間関係が希薄で「法学部砂漠」と呼ばれます。

そこで、運動部（運動会）・サークルに入っておくことは、興味があることで楽しむことが前提ですが、さらには普段の生活のため、試験の対策のため、就職情報交換等のためにも必要です。

その専用の部屋があれば、授業の合間の「居場所」「荷物置き場」ができることも大きいですし、そこに居る学生と食事に行ったり、眠ければ居眠りもできます。

基本的には学部による制限がなく（一部、学部が限定されるサークルはあります）、他大学の学生も所属している場合もあるので、人脈が広がり、また、他の分野・他大学の話も聞くことができて世界が広がります。

卒業生との関係もあるので就職活動で相談したり、また、卒業後も同じ運動部（運動会）・サークル出身ということで連絡を取り合ったりします。

入学手続の際、また、4月中くらいは勧誘がありますが、サークルの中には人を選ぶサークルもあるので、合格後、入学手続前あたりに調べておいた方がいいでしょう。各キャンパス限定サークルもあるので、専門学部進学時にもう一度「新規入会」のチャンスはあります。

クラスの場合と同じく、運動部（運動会）・サークルの新入生歓迎コンパ・合宿に参加しないと、なかなか馴染めません。最初の運動部（運動会）・サークル選びを失敗すると、途中から他の運動部（運動会）・サークルに入っても馴染みにくくなります。

可能ならば、最初は複数の運動部（運動会）・サークルに顔を出しておき、面白そう・馴染めそうなところに定着することになります。

5 そこそこモテる

テレビ番組では、時折東大生を集めて「モテない」イジりをしていますが、東大生がモテるかどうかは意見が分かれるところです。

以前とは変わったとは思いますが、やはり、一般的に東大生は「勉強ばかり」「ダサい」「頭はいいが変わった人」というイメージがあります。また、男子校・女子校出身者が多いこと、受験勉強のために恋愛どころか異性と関わることを避けて（我慢して）きた、また、勉強以外の話題に乏しかったり、コミュニケーションがうまく取れないとされています。

ただ、最近は、そうではない東大生も居ると知られてきました（昔も一定数居ました）ので、状況は変わっていると思われます。その結果、一部のモテる学生と、そうではない学生で二極化しているという話も聞きます。

いいことかどうかはともかく、「チャラい」東大生も増えているとか。

ただ、基本的に（例外はありますが）東大生は、常識的で、育ちが良く、誠実、いわゆる「悪い」ことをしない等、モテる要素があることは間違いありません。

男子は学内（クラス、ゼミ、研究室、運動部・サークル）のほか、他大学とのサークルや、合コン、各種パーティ、アルバイト先等で（交際相手に限らず）女子と知り合うことが多いとされます。最初のつかみとして、東大生であること自体が珍しがられたり興味を惹くという点は有利なのではないかと思われます。東大生に限ったことではないですが、後は展開次第です。また、交際開始前・後に、彼女の親に受けがいいということは言えます（例外はあります）。

女子については、東大生の男女比を考えた際、男3～4：女1なので、在学中はモテる可能性は高いです（人によるとは思いますが）。有名な都市伝説ですが、「東大女子は、1年生の秋、駒場キャンパスの銀杏並木の銀杏が散る時期までに彼氏を作らないと、大学4年間彼氏なし」と言われます（そこまで焦る必要はないとは思いますが）。

なにより必要なのは、話題豊富なことと「共感」です。話題については、一朝一夕に得られるものではなく、子供の頃からの積み重ねなので、勉強ばかりして東大に合格した場合、勉強以外の話題に乏しいことになります。

もちろん、東大に入った後でその能力を発揮すれば、話題の空白は取り戻せます。ただ、興味があることでないと苦痛です。そのために、やはり、子供の頃は「勉強勉強」ではなく、遊びやスポーツ、趣味、テレビや漫画、音楽等も楽しんでおくべきです。

たとえば、大学院在学時、私が東大の学生食堂で食事をしていた際、隣のテーブルで東大生同士が「東京事変って、どんな事件だろう。満州事変、上海事変、北清事変は知っているけど」と真剣に話していました。

当時、インターネットはすでに普及していたので調べればすぐ分かりますし、音楽番組を見たりCDショップに行っていれば分かるのにと思いつつ「椎名林檎のバンドのことですよ」と教えてあげたところ、「リンゴの品種ですか」と言われて絶句したことがあります。

共感については、一般的に、東大生は論理的すぎて他人に共感しないことがあるとされます。脳科学的に「男性は論理、女性は感情」と言われますが、東大生の場合、男性は「物凄く」論理的、女性も論理的な傾向があると思われます（個人的見解です）。

私が東大に入りたての頃、ある行事の時に大雨になり、「なんで雨が降るのかな（残念という意味）」と言ったところ、たまたま横に居た女子が「低気圧が通っているからですよ」と言い、その横の男子が「いや、正しくは寒冷前線だよ」と言いました。

私にとっては斜め上の反応で、冗談かと思ったら真顔で、どう反応したらいいか分かりませんでした。世の中の正解の回答は、おそらく「そうですよね。なんでよりによって今日雨が降るんでしょうね」という「共感」です。

このような例は極端な例だと思いたいのですが、恋愛のみならず、社会に出た後の人間関係でも重要なので、勉強以外の話題と共感力は子供の頃から身につけておいた方がいいです。

結婚については、有利不利で言うことではありませんが、東大卒男性は有利とされています。女性から見た理想の結婚相手として、一昔前「３Ｋ（高学歴、高収入、高身長）」と言われましたが、今でもそれぞれ重視されます。

東大卒男性は、高学歴は確定、高収入の確率は高く、身長はそれぞれ違うとしても、総合的に「２Ｋ」はあります。さらに頭も良く、常識的で、育った家庭もしっかりしていそうとなり、相手の女性・その親から見てもいい結婚相手とされるでしょう。たまに「不釣り合い」「世間知らずそう」とか「親も高学歴で高尚な家庭で付き合いにくいかもしれない」と引かれることもあるかもしれませんが、総じて高評価だと思います。

東大卒女性については、一般論として、男性から見て女性の方が高学歴・高収入の場合、敬遠されるということはあります。その点を気にしない男性や、むしろ歓迎という男性も居ますが、少数派と思われます。

東大在学中に東大男子と交際し、卒業後に結婚というパターンが多いとされますが、卒業後も何らかの形で知り合った東大卒または高学歴の男性と結婚することが多いようです。

6 選択肢が広がる

高校生の頃に将来の目標が明確に決まっていなくても、東大に入学すれば、少なくとも東大という肩書、それに裏打ちされた実力があるので、その後の進路についての選択肢は広がります。また、高校生の頃に将来の目標が明確に決まっていたとしても、東大に入った後、社会に出た後で進路変更する際の選択肢は広くなります。

東大に合格した時点で、豊富な知識、高い能力、計画を立て実行する力、苦しい時にこそ頑張る力、精神力、受験を乗り切った体力が養われています。この章の7で述べるように、自信と余裕もあります。さらに、東大に入ると世界そのものが開けます。とくに地方から東大に入ると、見たこともない世界、会ったことがない人々に出会えます。そして、その東大で勉強・研究すること、その人脈、肩書そのもので将来の選択肢が広がります。希望する職場に勤めることも、起業することも、研究の道に進むことも、世界で活躍することも可能です。

東大生は受験勉強しかしておらず、一つのことしかできないということはありません。仮に当初の目標と異なる道に進むことになっても、知識と経験、自信をもとに一歩を踏み出し、道を切り拓くことができます。

未知の事態に対しても、それまでの知識と経験で柔軟に対応できる能力があるはずです。そのために、子供の頃から「勉強一筋」と決めず、受験に関係ないことも知り・学び、将来複数の選択肢を「考えられる」状態にしておくことが必要です。

一般的に、人生はなんとかなります。ただ、東大生は、なんとか「する」知識と能力があり、人生が「なんとかなる」可能性は高くなります。

試しに、東大卒の有名人を調べてみてください。多様な道に進み、成功していると分かります。それは、目標達成の手段を考え実現するための能力を身につけており、実際に実行したからです。

旧制一高（東大教養学部の前身）の寮歌『嗚呼玉杯に花うけて』の歌詞に「剣（つるぎ）と筆とをとり持ちて　一たび起たば何事か　人世の偉業成らざらん」とあります。

東大生は「文武両道の才を発揮し、ひとたび世に出れば、必ず偉業を達成するだろう」という意味です。私は、この歌を初めて聞いた時は感動しました。

東大に合格し、東大で学び、東大を卒業した学生は、「偉業を達成する」気概と可能性を持っていることは間違いありません。高い山に登って初めて見える景色があります。

7 達成感と自信、余裕

東大に入って最も良かったと考えられることは、実利的ではないことです。東大を目指して努力し、合格したという達成感は、それまでの人生はもちろん、その後の人生でも、おそらくは味わえないものです。

子供の頃から、または中学校、遅くとも高校に入ったあたりから、東大合格を目指して受験勉強を始め、その間は遊びも眠ることも我慢し、一定期間、一心不乱に取り組んだ経験自体、貴重なものです。そして、その成果として東大に合格した達成感は、体験した人でないと分からない、一生忘れられないものです。

さらに得られるものとして「自信」があります。生きていくためには、冷静な分析と悲観的な見通しも必要です（そうでないと「無謀」となります）。しかし、なによりも自信、それも「根拠ある自信」が必要です。

東大に合格したことは大きな自信になりますし、東大で学生生活を送り卒業できたこともまた大きな自信になります。社会に出た後、時には苦しい時期があり、挫折を味わうこともあるでしょう。

しかし、そこで「自分は東大に合格した」「卒業した」ということは、ゆるぎない自信の根拠となり、困難を乗り越えるための力になります。

また、物事を新たに始める、新天地に行く等の際も「自分は大丈夫だ」「うまくいく」と前に進む自信になります。

実際、私は、東大合格後、国家公務員採用試験、大学院入試、さらに修士号取得・博士号取得の論文執筆、それぞれの時期において、「根拠ある自信」がありました。

プライドと自信は表裏一体のものです。「東大生はプライドが高い」というとネガティブに捉えられますが、もっと肯定的に捉えていいと思います。

頑張って成果を挙げた、勉強してきたというプライドがあるので、苦しい時に頑張れますし、さらに成長できるのです。自信を表に出すと、日本社会では、えてしてマイナス評価を受け軋轢を生みますが、本来、自信がある人の方が魅力的なはずです。

さらに得られるものとして「余裕」があります。日本最高峰の東大に合格したこと、そこで学び卒業したことで、「日本の学生としてできる最高の経験をした」と感じ、態度に余裕が出ます。

もちろん、自信があることからも余裕が出ます。この「精神的な余裕」は、現代社会で心穏やかに生きるために、最も大事な要素です。

お金でも権力でも得られない達成感・自信・余裕は、ある程度人生経験を積んだ私が「東大に入って良かった」と格別に実感することです。

年をとっても、死ぬ間際も、あの世に行っても「大きいことを成し遂げた」という経験はかけがえのない財産だと思います。それだけかと思う人も居るでしょうが、それだけでも十分価値があります。

東大に入って良かったということを挙げてきましたが、このほかにもあるでしょうし、人それぞれの面もあると思います。それでも、東大に入れば、「東大に入って良かった」と感じるはずです。

番外編

東大に入らなければ良かった!?

本書は、東大・東大生についてプラスの情報を発信するという基本方針ですが、東大生・東大卒業生ということによるマイナス（マイナスっぽい）ことも述べておきます。

あくまで個人的見解です。このほかにもあるでしょうし、また、述べたことでも、それほどではないこともあります。あまり深刻に受け止めず『男はつらいよ』ならぬ「東大生はつらいよ」と思って読んでください。実際、寅さんみたいにフラフラしている東大生も居ます（笑）。

1 東大生、東大卒と言いにくい

先頃、「東大女子は東大生と言いにくい」という話が世の中を駆け巡り、東大女子が不利な立場にあるような印象を与えましたが、極めて疑問です。というのは、東大男子も東大生と言いにくいからです。

男女問わず、東大生は、在学中、たとえばアルバイト先では、学習塾・予備校講師、家庭教師等の場合は東大生と言えます。とくに、東大受験生向けの学習塾・予備校では、東大生と言わないと採用してもらえませんし、その学生は、「東大生に教えてもらう」目的なので、東大生と言うことになります。

他方、その他のアルバイト先では、聞かれない限りなるべく東大生と言いませんし、聞かれても、東大生と言うとそれだけで反感を買ったり、その気がなくても「威張っている」と思われがち、さらに「壁」ができてしまうので、本能的に、はぐらかすか、他大学の学生と言ってしまう東大生は男女問わず居ます。

私はガードマンのアルバイトをしていましたが、職場では一切東大生と言わず、人事の人にも口止めしていました。他のアルバイトの学生や、おじさん達と楽しく馬鹿話をすることができなくなる可能性が極めて高かったからです。

また、合コンをはじめとするコンパでも、とくに他大学の友人と行く場合、女性から聞かれない限り、「渋谷の『青く』格好いいイメージがある大学の学生」のフリ（嘘になるのでその大学名は言いませんでした）をしていました。

卒業後も同じで、とくに聞かれない限りは東大卒と言いませんし、聞かれても基本的にはぐらかします。

「堂々と言えばいいじゃないか」と思うかもしれませんが、私は、マイナスに作用した場合の影響を知っているので、なるべく言いたくありません。

かつて、私が参加した会合の後の宴会で、かなり年配の人が自分の卒業大学を自慢していて、出席者一人一人に卒業大学名を聞いていったことがあります。

私にも聞いてきたのですが、絶対に気まずくなるので黙っていたところ、かなりしつこく「言えもしない大学なのか」と絡んできたので、周りの人が「彼（私）は東大だよ」と言ったところ、その年配の人が真っ赤になって帰ってしまいました。普段から嫌な思いをしていた他の出席者は腹を抱えて笑って喜んでくれましたが、その後、その年配の人は目も合わせてくれないようになりました。

私は恥をかかすつもりはなかったのですが、恥をかかされたと思っているようです。そんな人は、以後相手にしなければいいと思うでしょうが、社会生活においては、そうもいかない場合もあります。

また、テレビ番組等の情報を信じて「変人」と思われても嫌ですし、我が家がお金持ちでもないのにお金持ちと思われるのも嫌です。妬まれることもありますし、また、逆に「東大卒なのに『普通の人』じゃないか」と変なマウントを取られることもあります。

母も、教育ママでもないのにそう思われるのが嫌で、余程のことがない限り、私が東大生・東大卒業生ということは言いませんでした。

私は、今でも、普段の生活で接する人や、公的に会っても数度程度の人には東大卒とは言っていません。煩わしいので、なるべく東大卒と言わない方が合理的な選択になります。「世界の中心で東大生だ、東大卒だ」と叫びたい学生（笑）にとっては残念なことかもしれませんが、自分の判断で堂々と言うこともまた自由です。要は、ＴＰＯをわきまえ、反応を想定することが必要です。

東大に入った後、しばらくすれば、その加減がなんとなく感覚的に分かってきます。

2 妬まれる、嫉妬される、足を引っ張られる

関連しますが、東大生・東大卒業生・東大は、ほぼ妬まれ、嫉妬されます。妬みと嫉妬は違う概念で、英語に置き換えると、妬みはenvy（羨望）、嫉妬はjealousy（ジェラシー）です。

妬みは、自分にない地位や財産を持ち、また、業績を挙げた人に対して、羨ましいと思うだけではなく憎んだり、その差をなくしたいという気持ちです。東大生は、まさに、そうではない人にとっては、「妬み」の対象になり、東大生を否定・貶めようとする言動につながります。

嫉妬は、自分が持っているものを失うこと・脅かす人への恐怖・不安から、その人を排除しよ

うとする感情です。たとえば、職場で一定の地位にある人が、東大卒業生のライバルが登場して、自分の地位を脅かす・追い越されかねない・実際に追い越された場合、嫉妬にかられ排除しようとすることがあります。

他人の気持ちにどうこう指図はできない（妬むな・嫉妬するなと強制できません）ので、妬まれること・嫉妬されること自体は仕方ありません。しかし、その気持ちを基に、直接不快なことを言われたり、陰で悪口を言われたり、攻撃・排除行動を起こされることは、現実の問題なので害が生じます。妬み（羨み）や、嫉妬（競争相手の排除）のため、足を引っ張られることは、残念ながらあります。

東大生は、普通、社会に出る前、東大生の頃、また、それより以前でも、勉強ができる（成績がいい）ことで妬まれ嫉妬されることは、ある程度慣れています。だからこそなるべく目立たないようにしており、東大生・東大卒ということをなるべく言いません（例外はあります）。

本来、勉強に打ち込んだ努力の結果なので、妬まれたり嫉妬されたりする筋合いのものではないのですが、理屈通りにはいきません。東大生・東大卒は、そのこと自体で妬み・嫉妬の対象になります。これは今に始まったことではありません。

たとえば大正13年（１９２４年）に東大卒として初の首相になった加藤高明（普通選挙法成立

時の首相です）は、明治14年（1881年）に東大法学部を卒業した後、民間企業に勤務中、学歴が高いことによる嫌がらせを受けていたという話が残っています。

「出る杭は打たれる」と言います。「出すぎた杭は打たれない」という言葉もありますが、そこまで到達するためには、相当の達観と強いメンタルが必要です。出すぎるくらい自己主張する東大生・東大卒がもっと居てもいいと思うのですが、日本社会ではなかなか難しいでしょう。

妬みや嫉妬は、プラスに作用すれば大きなエネルギーになります。コンプレックスがある人が、それを跳ね返すために努力をし、大きな業績を挙げ、高い社会的地位に就き、大成功することは、その例でしょう。東大生も人の子、子供の頃から他人を妬んだり嫉妬したりしたこともあったはずですが、それを、勉強にうまく昇華したのです。

ともかく、日本社会では、いいことかどうかは分かりませんが、「能ある鷹は爪を隠す」「実るほど　頭を垂れる　稲穂かな」でいくしかないでしょう。

3 地元・地方に居づらい

地方から東大に合格すると英雄扱いされることが多いです。家族親戚・一族郎党、地域、出身校の誇りとされ、東大の入学式では、毎年、紋付き袴を着たお爺さんとか、町内全員やって来たのではないかという一団が付き添ってきている新入生が居ます。

それこそ「万歳三唱」で送り出された手前、卒業して（または在学中でも疲れ果てたりして）地元に戻りにくくなります。また、地元以外でも、東大卒が少ない・珍しいところでは「なんで東京とか『世界』ではなく、ここに居るの？」となります。

地方で東大に合格すると、ほぼ「将来は地元に戻って、地元を盛り立ててほしい」か「日本全国、さらには世界を股にかけて活躍してほしい」の2通りのどちらか、またはいずれも言われます。後者の場合は問題ないのですが、前者の場合、「功成り名遂げ」「故郷に錦を飾る」場合はいいのですが、そうでない場合は、実際には地元にはなかなか戻りにくいものです。

「地元に戻って、地元を盛り立ててほしい」という要請通りの行動なのですが、人の受け取り方は多様です。とくに、面と向かっても向かわなくても「都落ち」「格落ち」「もったいない」という声が聞こえてきたり、「東大でうまくいかなかったんじゃないか」「授業についていけなかったんじゃないか」と推測され、地元でひっそり、また、地元以外の地方でひっそり生活することもあると聞きます。家族も「東大に入った子供さんは今どうしておられますか」等と聞かれると答えにくいので、他人とあまり交流しなくなることもありえます。

実際に地元に戻るのは、家庭の事情、たとえば親の介護・病気とか祖父母・親が他界した、実家の跡を継ぐ、また、東京（都会）生活が合わない、地元（地方）が暮らしやすくて大好き等の事情が多いです。ただ、いちいち説明できませんし、説明しても「もったいない」とか「本当は別の理由なんじゃないの？」等となります。

雑音として気にしないことしかできませんが、地方は世間が狭いので、そうもいかないことがあります。昨今、時節柄、地元回帰・地方移住の動きがあるので、今後は東大卒業後、地元・地方に住むことも、今までよりは選択しやすくなる可能性があります。

東大入学前に東大卒業後どこに住むかを考えるのは、かなり先の話ですし、東大での学生生活中にも事情は変わるので、この問題は頭の片隅に入れておくくらいでいいと思います。

4 仕事関係

東大卒の場合、どの職種であれ、有能だから・頭がいいから・知識があるからと仕事を押し付けられることがあります。学部が違うと得意分野も違うにもかかわらず、ちょっと勉強すれば何でもできると考えている人が多いのもまた事実です。

私が一番驚いたのが、大学の事情を知らないであろう人から、私が東大法学部なのに「卒業後は医者になったらいい」と言われたことです。東大法学部を卒業後、あらためて大学の医学部に入学して医者になる人は居ますし（実際に知り合いに居ます）、逆に、東大医学部で司法試験に合格して弁護士になる（なった）人も居ますが、通常のルートではありません。その人は、「東大に合格したんだから何でもなれる！」（アントニオ猪木みたいですが）と思っているようで受け流しましたが、一般的にそう思われている傾向はあります。

また、学者は特定の科目の授業を担当しつつ、さらに狭い範囲を研究テーマにしているので、その他のテーマ、まして他の科目のことは対応できません。私は憲法と政治学が専門なので、たとえば民事訴訟法・刑事訴訟法は詳しくありません。にもかかわらず、法学部、それも東大法学部卒なので法律関係は何でも分かるだろうという人が実際に居ます。

一般の会社等でもおそらくはその傾向があり、また、東大卒は真面目なので結果を出して「しまい」、さらに押し付けられる、つまり仕事が増えていき、最後にはパンクしてしまうことがあります。関連して、仕事に求められる水準が高いという点も問題で、東大卒ならばさぞ見事な・立派な・前人未到・空前絶後（某芸人みたいですが）の仕事をし、業績を挙げられると勘違いされることがあります。その確率は高いとはいえ、保証はできません。まして、社会人になった後の仕事は、大学までの勉強とは違いますし、気力・体力・時の運、人間関係その他の要素が関係してくるので、未知数です。

また、立派な成果を挙げても「東大卒だから当たり前」と、正当に評価されないこともあります。さらに、苦手な分野や初めての仕事等、東大卒も人の子なので失敗もします。その際、必要以上に叱責され「東大卒なのにこの程度？」と貶められることもあります。

この「できて当たり前」状態は、東大生の場合、子供の頃から直面する問題なので慣れているとはいえ、やはりプレッシャーにもなりますし、仕事へのやる気をそがれる原因にもなります。「仕事はこれ以上無理」とか、「間違うこともあるよ」と開き直り、割り切ればいいと思うかもしれませんが、他人との関係のことなので、そう簡単にはいきません。また、東大卒という看板があるため、投げ出すことが難しくなります。

5 実力で結果を出してきたことの影響

仕事で（私生活もですが）パンクする前に逃げる、また、適度に手を抜けばいいのですが、東大生はおおむね「完璧主義」的な性格を持っており、ほぼ全ての目標を高い完成度で達成してきた経験が邪魔をします。

苦しい時にこそ頑張ってきたので、逃げた方がいい時に逃げ出さず、無理を承知で頑張ってしまいがちです。また、挫折経験が少ないと、逃げた後で立て直すことがなかなかできない、そもそも、逃げた後でどうしたらいいか分からないので逃げられないということにもなります。

この点で、やはり、一つの目標や手段を追求するのではなく、別線、別々線を子供の頃から考え、また、予想外の事態にどう対処するか、物事に柔軟に対応する戦略を、自分で考える経験が必要です。

「三十六計逃げるに如かず」「逃げるが勝ち」という言葉もあるように、状況に応じて逃げればいいのにと思いますが、やはり逃げられずドツボにはまる東大卒業生が存在します。

さらに、自分の実力で道を切り拓いてきたので、世渡りが下手ということもあります。

第1章：心得編　目指せ！東大生の1で述べたように、試験は、平等・公平です。いい成績を取って、東大入試、さらには就職（資格試験）も突破できます。

しかし、その後の人生は、私生活も含め、成績だけでは決まりません。その培った知識・能力を発揮するだけでは乗り切れませんし、逆に反発を買うこともあります。プロ野球のG．G．佐藤選手（西武等）は、引退後、あるテレビ番組で「プロ野球は実力の世界と勘違いしていた」「（重要なのは）人間関係」と述べています。

社会はきれいごとだけでは生きていけません。いい悪いは別として、根回し、策略、裏切り、何でもありです。「成績を上げれば報われる」という単純なものではありません。

そのためにこそ、子供の頃から、勉強しつつも人間関係や異性との関わり方を経験しておくべきですし、俗な経験もして、受験とは関係ない、一見くだらないことこそ知るべきです。

この点で、「きれいな」家庭での純粋培養ではなく、ありのままの家庭で育った方が「人間力」がつきます。

6 世間知らず

一般的に、東大生は、育ちが良く、上品です。お金持ちではなくてもしっかりした家庭で育っており、自分の実力で道を切り拓いてきたため、まさに「真っ直ぐ」です。

さらに、進学校で受験勉強に没頭すると、どうしても世間を知らないことになります。仮に知識があっても、実体験・肌感覚がないという意味で、やはり純粋なところがあります。

東大での学生生活で世間を知ればいいのですが、社会全体の中で見てみると、東大はかなり同質的で、異質なのは、せいぜいアルバイト先（それでも学習塾・予備校だとやはり同質的）くらいでしょう。私が東大に入った後、昼飯を食べながら、私と同様の地方県立高校出身の友人（男子）と下世話な話をしていたら、横で聞いていた都会名門私立高校（男子校）出身の友人（男子）が真っ赤な顔をして「お前達、昼間からそんな話をして恥ずかしくないのか」と言われて驚いたことがあります。「こちら側」2人は、いざ社会に出た時は下世話な話に「耐性」がある方が強いと確信していたので、「じゃあ夜ならいいんだ。今度じっくり話そうよ」と笑っていましたが、その友人を「現代の貴族」かと思いました。

今は、その意味での「格差」が広がっているのか狭まっているのかは分かりませんが、社会に出た時は、「ある程度」世間のことを知っていないと危険です。

「庶民感覚」の話になりますが、食品の賞味期限を知らなかったりする程度ならばまだかわいいのですが(友人に居ました)、たとえば悪徳商法に引っかかったりすると、本人も家族・周囲も大変です。東大までの環境は、やはり世間からすると「きれいな」環境ですし、家庭も「きれいな」環境だと、周りに下世話なこと、悪いことの情報がなく、身近にはそういう人達も少なくなります。

その結果、社会に出た後で、初めて目に・耳にしたり実際に遭遇することで、巻き込まれたり、騙されたり、知らずに犯罪の片棒を担ぐこともありえます。

本来、どこかで、清濁の「濁」も知り、また、家族や学校の教師が教えなければならないのですが、家族はともかく、学校では、なかなか教える機会はないでしょう。子供の頃から少しずつ、周囲の友人やニュース、下世話なテレビ番組・雑誌等で知るしかないのですが、あまり知りすぎると本当に「悪の道」に走ることもあるので、調整が難しい問題です。

7 どこに行っても少数派

東大生は定員が1学年約3000人で、卒業生は多数居るので、数的には一定数居ます。しかし、世の中全体の中では、やはり少ないです。

東大卒は、ほぼ東京（首都圏）在住です。進路は、たとえば法学部生が目指す（かなり少なくなりましたが）官僚について考えると、いわゆる官僚（キャリア官僚）の数はごく少なく、官庁職員はノンキャリアの方が圧倒的に多いです。これまた法学部生が目指す司法試験の合格者数（予備試験経由と法科大学院経由の合計）でも、東大卒以外の方が多くなっています。

まして地方では、東大卒が戻る・居住している場合が少ないです。普段東大卒と言わない私にも、たまに「受験生の子供に会って心構えを話してください」等と依頼がありますが、実際に受験生に会うと「初めて東大卒に会った」「見たことはあるけど初めて話した」と、未確認生物（UMA）のような扱いになります。

ごく一部の地域・組織を例外とすれば、どこに行っても東大卒は少数派になることは、絶対数が少ないうえに、居住地域・在籍組織が限られているため仕方ありません。

この状況に加え、東大生は、元々、自分で勉強して道を切り拓いてきたので、あまり群れない性質があるとされます。その象徴と言えるかもしれませんが、東大には校歌がありません。入学式の時に歌われる『ただ一つ』は校歌ではなく「東京大学の歌」（元は応援歌）です。

各都道府県の同窓会がここ数年で整備されましたが、県によっては、それまであった同窓会の参加者が減って休眠状態になっていたところもあると聞きます。

東大生・東大卒は、絶対数も少なく、あまり群れないということは、「数の力」ではどうしても弱いです。これはどうしようもないことです。

ただ、それは、一人一人が全く無関係で素っ気ないということではありません。何気ない日常生活で「あなたも東大卒ですか」と分かると、はるかな異国で日本人同士が巡りあったように、非常に親近感を覚え、（通常は）協力したり気に掛け合ったりします。

普段の生活では東大の話をすることが少ないので、「東大の近所のあの食堂はまだやっているの？」とか「最近東大に行った？」等と話が続きます。その意味では絆は強いとも言えます。

8 進路が逆に狭くなる

東大に入ると進路が広くなる面はもちろんあります。とくに、地方では知らなかった世界、新たな世界が広がりますし、高い山に登って初めて見える景色があります。政治家や官僚になって日本を動かす、大企業で日本経済を支える、大学で研究を進めたり、国家的プロジェクトへの参加、留学、また、自分で起業する等、様々な可能性が広がります。

しかし、その陰の部分として、進路が狭くなることもあります。

まず、東大卒業後、地元に戻りにくくなる・地方に住みにくくなることで、たとえば地元企業に就職とか、地元で親の仕事の跡を継ぐ、資格を取って開業すること等は難しくなります。

さらに、これはテレビ番組や雑誌等で定期的に取り上げられますが、「東大を卒業しているのになんでこのような仕事をしているの？」と言われることがあります。職業に貴賎なし、余計なお世話なのですが、世の中には「東大生は、このような職業に就くべきだし就くはずだ」という固定観念があります。

東大法学部ならば卒業後弁護士になるはずと、地方ではいまだに思っている人が多いです。

そこから外れた進路を選ぶことは勇気が必要ですし、大きな困難を伴います。

受け入れ側も、たとえば、それまで東大卒を雇ったことがない企業等は、東大卒の扱い方が分からず、他の従業員等との関係もあって、なかなか採用しないでしょう。

世間体も気にしなければなりません。東大卒業後、就職もせずしばらく「自分探し」をしつつフリーターをしていると、とくに地方では、どんな噂を立てられるか想像もできません。実際、たまに聞きますが、東大卒ということを隠してアルバイトや就職することもあります。

さらに、最初に就いた職業からの進路変更については、新卒ではないうえに、東大卒という要素が加わり、かなり困難になります。子供の頃から自分で考え自分で道を切り拓いてきた経験、計画・戦略を立てて達成した成功体験、さらに世間のことを知っていること、決断力と度胸、自分への自信があって初めて「決められたルート」「すでに決まったルート」から、別のルートに切り替えることができます。

私が官僚を辞める際も、選択肢はかなり限られていましたが、その中で学者になることを決断し実行できたのは、子供の頃からの経験と、「東大に合格した」ことによる自信があったことが大きかったです。

9 結婚しにくくなる

東大卒ということは、一方では結婚しやすくなります。常識があり知識・能力があり、家庭もしっかりしているだろう、また、将来有望（安泰）だろうと、結婚相手（その親）から判断されます。もちろん、ある意味の打算（安心感と言えばそうです）もあります。

とくに、地方や、普通の家庭から東大に入った場合、東大卒業後、相応とされるところに就職または開業・起業していると、想像もつかない層の異性と知り合ったり、紹介されたりします（ただ、価値観が合うかどうかは別の問題です）。

他方で、結婚しにくくなる要因も多数あります。まず何より、マスコミ等の偏った情報を信じている人から見ると、東大卒は「変人」と思われ敬遠されることがあります。また、教育一家で親も高学歴と思われて、「家の格が釣り合わない」「親戚付き合いが難しい」と思われることもあります。関連して、教育ママ、また、マザコン（男子の場合）ではないか、テレビを見ない（たしかに一定数居ます）、家でも勉強をするのではないか（窮屈）等々、様々な反応がありえます。

さらに、話が合わない、理屈っぽさそう、無趣味、友人関係も東大関係者ばかり等々、いくつものマイナスの「想像」がありえます。そうでなければそうでないと言えばいいですし、実際会って話せば分かるのですが、経歴を見た時点で先入観が入り、たとえば見合いの場合、会う段階に至らないこともあります。本人の問題もあります。東大受験に全力を注ぎ、高校生の頃まで異性と交際をしていない・我慢していた、さらには男子校・女子校出身者も居るため、東大入学後に異性とのコミュニケーションを避けたりうまくいかなかったりで、そのまま社会人になって結婚できないパターンもあります。とくに女性の場合が問題で、男性から見ると女性の方の収入が高く、学歴も高いと結婚しにくいとされます。もちろん、昔から、一定数「女性に養ってもらいたい」という男性も居るので必ずしもそうとばかりは言えませんが、東大の学生生活の中で知り合った東大生の男性、就職後でも東大卒（または高学歴）の男性と結婚する女性が多いとされます。

一概に結婚が幸福とは限りませんが、一般論としては、結婚しにくくなることもあるので、東大在学中に異性と交際して慣れるとか、できれば将来の結婚相手を見つけておくことが望ましいです。人を好きになるとは、訓練するとか理屈で説明できるものではないのですが、現実的に考えて準備する方が「結婚したくてもできない」状態を回避できる可能性は高くなるでしょう。

結婚していない私が言うのも気が引けるので、この程度にしておきます。

あとがき

本書では、東大生についての分析をはじめ、東大は最高の大学で目指す価値があるということ、さらには合格するための勉強法等を述べてきました。

テレビや週刊誌等のメディアで取り上げられるほど、東大・東大生は雲の上の存在でもなければ、東大生は世間知らずとか社会に出ても役に立たないというわけでもありません。そのように崇拝したり、貶めたりする情報に惑わされてはいけません。

読者の方は、「酸っぱい葡萄」の話をご存知でしょうか。イソップ物語で、キツネが狙っていた葡萄を取れなかった時、その葡萄を「酸っぱくて不味いに決まっている」として、葡萄を取れなかったことを正当化した話です。そこから転じて、あるものを手に入れらなかった自分を正当化し擁護するために、そのもの（対象）を貶めたり、価値のないものだと主張することを意味します。

この寓話に倣えば、東大は「酸っぱい葡萄」でもなく「美味しすぎて手が届かない葡萄」でもありません。「手が届く美味しい葡萄」ですので、ぜひ取りに行きましょう。

本書は、地方、公立校、普通の家庭だからといって、東大受験を諦める必要は全くないという立場から書いていますが、都会、名門私立校、富裕層家庭の学生と親御さまを貶める意図は全くありません。環境にかかわらず、それぞれの読者の方に参考になる点は必ずあると思います。

あくまで私の主観によるところも大きいですし、勉強法等は合う合わないもあります。

コロナ禍という予想だにしなかった時代となりましたが、いつの世も「激動の社会」と言われています。社会は時として急に大きく変わりますし、生き方・働き方、そして受験制度も変わります。その中で、昭和から平成、そして令和となっても変わらないものがあります。その一つとして、東大の価値は変わりません。むしろ、増しています。東大を目指す価値は十分すぎるほどあります。この本を読まれた方にはドラマのように、ぜひとも「東大合格」を目指していただきたいと思います。

いつか、東大に合格された読者の方と、東大構内や同窓会等でお会いすることがあるかもしれません。読者各位のご健闘をお祈りし、筆を置きます。

岩切　紀史

※免責事項

本書により生じた損失・トラブル等について、著者は法的責任・事実上の責任を負いませんので、あらかじめご了承ください。また、特定の主張・方法・組織・団体・個人等をことさらに推奨・否定・賛美・中傷するものではありません。あくまで著者の一見解とご理解ください。内容の正確さにつきましては、できるだけ正確な内容になるよう心がけておりますが、著者の個人的見解も含め、その正確性を保証するものではないことをご了承ください。

◆著者略歴

岩切 紀史（いわきり のりふみ）

昭和45年（1970年）12月生まれ。宮崎県出身。

平成元年（1989年）3月に宮崎西高校理数科卒業、現役で平成元年（1989年）4月に東京大学教養学部文科Ｉ類入学。平成5年（1993年）3月に東京大学法学部を卒業し、平成5年（1993年）4月に自治省（現　総務省）に入省。国家公務員（Ｉ種）として勤務。その後、平成9年（1997年）4月に東京大学大学院法学政治学研究科修士課程に入学し、平成11年（1999年）3月に修士課程修了（法学修士号取得）。平成17年（2005年）3月に東京大学大学院法学政治学研究科博士課程修了（法学博士号取得）。「東京大学大学院法学政治学研究科　博士論文特別優秀賞」受賞。

法学博士号取得に先立ち、平成16年（2004年）10月から地元（宮崎県）の大学で助教授、教授として勤務。現在は法学博士（東京大学）、元自治省官僚として執筆・講演を行う。専門は憲法、政治学、行政法、地方自治法、公務員関係。外国の研究対象はヨーロッパとくにドイツ。

著書に『憲法学の現代的論点（共著）』（有斐閣　初版2006年／第二版2009年）がある。


やっぱり、東大を目指そう！

2021年9月28日　初版第１刷発行

著　者　岩切 紀史
発行者　池田 雅行
発行所　株式会社 ごま書房新社
〒102-0072
東京都千代田区飯田橋3-4-6
新都心ビル4階
TEL 03-6910-0481（代）
FAX 03-6910-0482
カバーデザイン　（株）オセロ 大谷 治之
DTP　海谷 千加子
印刷・製本　精文堂印刷株式会社

ISBN978-4-341-08798-2 C0095